Horst Gunkel:

Der Buddha
- eine Biografie in Geschichten

Gelnhäuser buddhistische Reihe, Band 9

Das Buch

Dieses Buch enthält die Lebensgeschichte des Buddha. Es basiert auf dem *Pāḷikanon*, der klassischen Sammlung der Lehrreden des Buddha und der ältesten Berichte über den Buddha, der von 560 – 480 v.u.Z. in Nordostindien lebte. Daneben flossen Erkenntnisse der neueren Textexegese ein. Wenn ich Vermutungen und Interpretationen mit einbezogen habe, habe ich das im Text kenntlich gemacht. Wir erleben hier den historischen Buddha *Śākyamuni* und seine häufig unkonventionellen, immer aber hilfreichen Reden und Handlungen. Ich habe mich bemüht, diese Biografie in einer modernen und erfrischenden, teilweise auch humorvollen Sprache zu verfassen.

Kursiv und fett gedruckte Begriffe sind in einem Glossar am Ende des Buches erklärt.

Der Autor

Horst Gunkel, Jahrgang 1951, arbeitete 40 Jahre als Lehrer an einem beruflichen Schulzentrum. Er engagierte sich in zahlreichen Vereinen und Bürgerinitiativen zum Schutz des Lebens in all seinen Formen. Von 1981 bis 1995 war er in zahlreichen Gremien und zwei Regionalparlamenten aktiv. Von 1987 bis 2000 leitete er außerdem das ÖkoBüro Hanau. Anfang der 90er Jahre begegnete er dem Buddhismus und erkannte schnell, dass ein Engagement hierin (noch) wichtiger sei als sein bisheriges politisches Wirken. Er legte alle politischen Ämter nieder und setzte sich im Netzwerk Engagierter Buddhisten für ökologische, pazifistische und soziale Projekte ein. 1996 kam er zur Buddhistischen Gemeinschaft Triratna (damals: Freunde des Westlichen Buddhistischen Ordens), für die er zunächst in Frankfurt/M. eine Meditationsgruppe aufbaute, dann die Buddhistische Gemeinschaft Gelnhausen. Hier begann er Geschichten aus dem *Pāḷikanon* nachzuerzählen. Einige davon fanden Eingang in dieses Buch.

Weitere Geschichten von Horst Gunkel finden sich unter
http://www.gelnhausen-meditation.de

Horst Gunkel erzählt

Der Buddha

eine Biografie in Geschichten

Bitte beachten:

Kursiv und fett gedruckte Worte sind in einem Glossar am Ende des Buches erläutert – aber nur das, was *kursiv* <u>und</u> *fett* gedruckt ist

Bibliografische Information der Deutschen Nationalbibliothek:
Die Deutsche Nationalbibliothek verzeichnet diese Publikation in
der Deutschen Nationalbibliografie; detaillierte bibliografische
Daten sind im Internet über _dnb.dnb.de_ *abrufbar.*

Originalausgabe 2024
© 2024 by Horst Gunkel

Der Autor wurde bei diesen Buch unterstützt Dharmacari
Sraddhabandhu, Petra Melters und Olaf Ditzel.

Herstellung und Verlag: BoD – Books on Demand, Norderstedt

ISBN: 978-3-7583-2486-4

Inhaltsverzeichnis

Die Geburt Siddhārthas

Es ist fast 2600 Jahre her, dass die Königin Maya von *Śākya* einen merkwürdigen Traum hatte. Sie lag in diesem Traum auf einem Bett, als ein riesiger weißer Elefant erschien. Sie sah das mächtige Tier verwundert, aber völlig ohne Angst an. Der Elefant schien zu lächeln, als er an ihr Bett herantrat. Er hob seinen Rüssel und berührte die Königin damit an ihrer rechten Seite in der Nähe der Hüfte. Ein wunderbares Gefühl des Glücks und der Erfüllung bemächtigte sich der Königin – doch im selben Augenblick verschwand der Elefant spurlos.

In dieser Nacht fand Maya kaum Schlaf, das wunderbare Ereignis beschäftigt sie doch sehr. Und wäre der Elefant nicht so groß gewesen, dass er unmöglich durch die Tür des königlichen Schlafgemachs gepasst hätte, dann hätte Maya nicht einmal sagen können, ob es ein Traum war oder Realität.

Am Morgen darauf erzählte Maya ihrem Ehemann, *Rājā Śuddhodana*, sichtlich bewegt von diesem ungewöhnlichen Traum. *Śuddhodana* weiß, was in solchen Fällen zu tun ist: er lässt einen *Brahmanen* kommen. Aber nicht irgendeinen *Brahmanen*, sondern den angesehensten *Brahmanen* der Stadt, auf dass dieser ihm den Traum deute. Da die *Brahmanen* mit den Göttern vertraut sind, wie jeder gläubige *Hindu* weiß, vermag er auch zu deuten, was die Götter der Königin im Traum mitteilen wollten.

„Euch ist großes Glück beschieden, Hoheit," weiß der *Brahmane* zu berichten, „der Elefant steht für Macht und Stärke. Weiße Elefanten sind äußerst ungewöhnlich, die Farbe weiß steht für Reinheit, für spirituelle Reinheit, weswegen wir Brahmanen weiße Roben tragen. Und die Berührung Eurer Seite mit dem Rüssel, einem mächtigen Organ, an – naja – an ziemlich intimer Stelle, weist darauf hin, dass ihr ein Kind von Eurem Gemahl empfangen habt. Zusammengefasst kann ich also sagen: Königin Maya, ihr seid schwanger, und zwar mit einem ungewöhnlichen Knaben, der die Eigenschaften des Elefanten hat, der plötzlich nicht mehr außerhalb von Euch sichtbar war, weil er in Euch reift. Ihr seid schwanger mit einem Knaben, der so mächtig ist wie ein Elefant, so mächtig, dass sein Ruf in aller Welt gehört wird und der außerdem von spiritueller Reinheit ist."

Selbstverständlich wurde der Brahmane für seine positive Weissagung reichlich belohnt, und Maya war voller Glück. *Śuddhodana* war auch höchst erfreut, dass er endlich einen Stammhalter bekommen sollte, denn seine Frau war nicht mehr ganz jung. Und natürlich ging es dem König runter wie Öl, dass der Ruf seines Sohnes in aller Welt gehört würde. Aber in ihm keimte auch eine Sorge. Was sollte das mit der spirituellen Reinheit? Sein Sohn gehörte dem Adel an, der Krieger- und Beamtenkaste, nicht den *Brahmanen*. Gut, wenn er damit die Götter günstig stimmen könnte, und diese dazu bringen könnten seinem Sohn als Heerführer Siege in Schlachten gegen die Gegner seines Staates zu ermöglichen, dann wäre das hilfreich. Aber der *Brahmane* hatte nicht gesagt, dass sein Schwert in aller Welt gefürchtet werde, sondern dass sein Ruf in aller Welt gehört würde. *Śuddhodana* machte sich so seine Gedanken.

Eines war auf jeden Fall sicher: Maya war schwanger und konnte mit der Geburt eines Sohnes, eines Stammhalters, rechnen. Vom weiteren Verlauf der Schwangerschaft berichtet der *Pāḷikanon* nichts, sondern erst wieder vom letzten Tag vor der Geburt des Sohnes, und was wir dort finden, ist ziemlich legendenhaft, ich möchte es hier dennoch berichten – bevor ich eine mögliche Alternative zu der üblichen Geburtsgeschichte anbiete.

Der *Pāḷikanon* berichtet, dass sich Königin Maya kurz vor der erwarteten Geburt, also in hochschwangerem Zustand aufmacht, um das Kind im Hause und unter Beistand ihrer Mutter zur Welt zu bringen – in einer anderen Stadt, sehr viele Meilen von *Kapilavatthu* entfernt. Die Hochschwangere begibt sich also mit einem Pferdewagen oder einem Ochsenkarren auf die miserablen und staubigen sowie mit Wasserbüffelkot und Pferdeäpfeln übersäten Straßen Indiens vor rund 2600 Jahren, um ihre Mutter aufzusuchen. Es wird eine äußerst holprige Fahrt bei großer Hitze – es ist bereits Mai im heißen Indien – und es kommt, was – wie ich meine – kommen musste: Die Wehen setzen unterwegs ein. In der Nähe des Dorfes Lumbini muss die Fahrt unterbrochen werden, weil das Kind kommt.

Der *Pāḷikanon* berichtet uns, wie Königin Maya im Stehen ihr Kind gebiert, sie hält sich dabei an einem *Salbaum* fest. Maya gebiert ihr Kind, so steht es geschrieben, nicht auf dem natürlichen Weg, sondern der Knabe tritt ihr aus der Seite heraus, dort, wo der Elefant sie berührt hatte. Der *Salbaum* ist darüber so erfreut, dass er Blütenblätter über die Gebärende und den Säugling herabregnen lässt und – wie es sich in solchen Augenblicken gehört – erbebt die Erde. Es geschehen noch weitere merkwürdige Dinge, so geht der frisch geborene Säugling beispielsweise einige Schritte (natürlich genau sieben – die heilige Zahl), berichtet der *Pāḷikanon,* und dann erklärt der Neugeborene, dass er der Welt den *Dharma* verkünden werde.

Völlig entkräftet wird die Mutter – möglicherweise auch mit Kindbettfieber – zurück nach *Kapilavatthu* gebracht, wo der Knabe freudig empfangen wird. Maya aber wird diese Woche nicht überleben.

Natürlich müssen wieder *Brahmanen* geholt werden, um das Kind einzusegnen und die Zukunft zu deuten. Jedoch ließ König *Śuddhodana* diesmal auch einen alternativen Wahrsager zu, den *Asita*, einen weisen alten Mann, der in den Bergen wohnte.

Die **Brahmanen**, so wird berichtet, weissagten, dass der Knabe entweder ein großer weltlicher Herrscher werde oder ein berühmter spiritueller Führer.

Die **Suttanipata** berichtet, dass **Asita** das Kind drei Tage lang beobachtete, und dass er danach prophezeit habe, dieser Knabe werde dereinst Buddhaschaft erlangen und das **Rad der Lehre** in Gang setzen – **Asita** bedauerte, dass er das nicht mehr erleben werde, er wies daher seinen Neffen *Nalaka* an, dieser müsse unbedingt später beim Buddha **Siddhārtha** die Lehre hören.

Sieben Tage nach **Siddhārthas** Geburt verstarb Maya. Da **Śuddhodana** jedoch nicht nur mit Maya, sondern auch mit deren Schwester **Mahāpajāpatī Gotamī** (als Nebenfrau) verheiratet war und diese selbst gerade niedergekommen war[1], wurde **Mahāpajāpatī** zunächst die Amme und dann die Ziehmutter **Siddhārthas**.

---

*Hierbei habe ich mich an die Vorgaben des **Pāḷikanon** gehalten. Allerdings hat mich immer stutzig gemacht, wieso eine hochschwangere Frau von fast vierzig Jahren unmittelbar vor der Geburt eine äußerst strapaziöse Reise unternimmt, die nach menschlichem Ermessen mit hoher Wahrscheinlichkeit die Geburt unter widrigen Umständen einleiten wird. Dies macht ein vernünftiger Mensch nur, wenn ihm die Alternative noch schrecklicher erscheint. Und so, wie ich mich darüber wunderte, ging es auch einigen anderen Leuten.*

Daher gibt es die Theorie, dass die Mutter aus Angst vor einem Kaiserschnitt floh. Ein Kaiserschnitt kam in jener Zeit in verschiedenen Hochkulturen auf, wenn Gefahr für das Leben des

---

1 Ihr Sohn Nandā, der Halbbruder des Buddha, wurde später vom Buddha ordiniert und gelangte schließlich zur Erleuchtung. Vergleiche dazu die Geschichte „Nandā und die 500 Jungfrauen" im Band 1 dieser Buchreihe („Buddhas Sohn Rahula").

Kindes bestand. Er wurde jedoch nur in Herrscherhäusern – daher der Name Kaiserschnitt – vorgenommen, wenn dadurch der Thronfolger gerettet werden konnte. Damals jedoch überlebten die meisten Frauen den Kaiserschnitt nicht.

Es ist also durchaus möglich, dass es Probleme während der Schwangerschaft gab – eine Querlage oder was auch immer – und die Vornahme eines Kaiserschnittes[2] erwogen wurde. Die so verängstigte Mutter könnte daher versucht haben, in ihr Elternhaus zu fliehen, wo ihrem Überleben mindestens so viel Wert beigemessen würde, wie dem des Kindes.

*Diese Theorie erklärt, so finde ich, nicht nur die Flucht der Maya, sondern auch die Aussage des **Pāḷikanon**, dass das Kind „nicht auf natürlichem Weg, sondern an der Seite aus ihr heraustrat". Es erklärt auch das zeitlebens getrübte Verhältnis **Siddhārthas** zu seinem Vater. Außerdem erklärt es in meinen Augen, auch warum der **Buddha** nicht nur von „Alter, Krankheit, Tod" als Leiden sprach, sondern immer die Geburt, ein gemeinhin als freudig angesehenes Ereignis dazu nimmt: „Geburt, Alter, Krankheit und Tod sind Leiden".*

Ich denke es ist schwer für ein Kind zu erfahren, dass es nur lebt, weil die Mutter starb, um so mehr, wenn es den Anschein hat, dass es nur lebt, weil der Vater die Mutter geopfert hat – um der Erbfolge willen.

*Diese Interpretation würde der Geschichte des **Siddhārtha** neben der spirituellen Seite auch noch einen psychologischen Aspekt für sein Verhalten in der Jugend hinzufügen, etwas, das man mit Entstehen in Abhängigkeit von Bedingungen (**Paticca-samuppada**) beschreiben kann.*

---

2 Aus schriftlichen Quellen (mesopotamische Keilschrifttafel, römische lex regia von 715 v.u.Z.) geht hervor, dass Schnittentbindungen in der indischen und jüdischen Kultur praktiziert wurden.
Quelle: https://de.wikipedia.org/wiki/Kaiserschnitt#Geschichte (10/23)

Unterm Rosenapfelbaum[3]
eine Geschichte aus dem Pāḷikanon

Prinz **Siddhārtha**, der spätere **Buddha**, war zu einem intelligenten und ernsthaften Kind von neun Jahren heran gewachsen. Seit einiger Zeit besuchte er die Schule. Natürlich dürfen wir uns keine Schule in der heutigen Form darunter vorstellen, es gab vielmehr Hauslehrer, die in den Palast kamen und **Siddhārtha** und andere Prinzen der **Śākya**-Dynastie sowie einige weitere Kinder von hohen Hofbeamten unterrichteten. Die Lehrer waren sehr beeindruckt von der raschen Auffassungsgabe und dem scharfen Verstand des jungen **Siddhārtha**. Der zweitbeste Schüler der kleinen Lerngemeinschaft war übrigens **Siddhārthas** Vetter **Devadatta**. Die wichtigsten Fächer waren Literatur, Sport, insbesondere Kampfsport, Musik und Sozialkunde. In letzterem Fach wurde neben dem gesellschaftlichen Aufbau, was besonders die Pflichten der einzelnen **Kasten** anging, auch Rechtskunde vermittelt. Hierzu besuchten der Lehrer und seine Schüler Gerichtsverhandlungen, die mitunter von **Siddhārthas** Vater **Śuddhodana** geleitet wurden, der als Staatsoberhaupt von **Śākya** auch oberster Gerichtsherr war. So wurde an aktuellen Fällen das Rechtssystem erlernt.

An dem Tag, an dem unsere Geschichte spielt, war ein Feiertag in **Śākya**, es war der „Tag des Anpflügens". Gewissermaßen wurde die neue Vegetationsperiode durch das Ziehen einer feierlichen ersten Furche begangen, und diese Furche sollte natürlich der **Rājā**, der Herrscher von **Śākya**, eben **Siddhārthas**

---

3 Diese Geschichte wurde bereits in Band 1 dieser Reihe abgedruckt. Normalerweise achte ich darauf, dass etwas nicht in zwei Bänden dieser Reihe erscheint. Allerdings ist die Szene für die weitere Entwicklung **Siddhārthas** ein Schlüsselerlebnis, daher konnte ich in diesem Band nicht darauf verzichten, sie erneut wiederzugeben.

Vater **Śuddhodana**, ziehen, wie es des Landes so der Brauch
war.

Siddhārtha wurde dem feierlichen Tag entsprechend gekleidet,
so trug er eine Brokatjacke über seiner blütenweißen Robe und
goldgewirkte Sandalen. Die Hauptstadt **Kapillavatthu** war
festlich herausgeputzt, die Häuser an den wichtigsten Straßen
waren frisch geweißt und mit Blumengirlanden geschmückt,
überall wehten bunte Fahnen im Wind und die Stadt war erfüllt
von den Klängen zahlreicher Musikanten. Die leckersten
Speisen und erlesensten Getränke wurden auf Tischen an der
Straße angeboten. Die festlichsten Gabentische waren jedoch
die Altäre mit den Opferspeisen für die Götter, denn eine lange
Prozession bewegte sich durch die Hauptstraße, angeführt von
Brahmanen in ihren rituellen Gewändern. Das alles war jedoch
in den Augen der Kinder eigentlich nur Auftakt für das große
Fest auf einer Wiese vor der Stadt, das stattfinden würde,
sobald der offizielle Teil der Feierlichkeiten beendet war. Dort
würden Wettbewerbe und Kampfspiele stattfinden, außerdem
sollten dort Tanzgruppen, Gaukler und Akrobaten auftreten.

Doch zunächst gab es den offiziellen Teil, der durch die
Prozession eingeleitet wurde. Diese war noch recht kurzweilig,
denn man kam durch die Stadt und sah all die besonders
herausgeputzten Menschen und Häuser und die festlichen
Altäre. Doch dann, draußen auf dem Feld, wo **Śuddhodana**
schließlich das Anpflügen leiten sollte, wurde es **Siddhārtha** und
den anderen Kindern zunehmend langweilig, denn die
liturgischen Gesänge der **Brahmanen** wollten und wollten
einfach kein Ende nehmen – und dazu kam die drückende Hitze:
hier auf dem Feld gab es kein schattiges Plätzchen und die
Sonne stand jetzt ganz hoch, so dass **Siddhārtha** der Schweiß
auf der Stirn stand. Er beschloss, sich etwas von der Feier
abzusetzen. In der Nähe kannte er eine Stelle, an der ein
Rosenapfelbaum blühte, hier konnte man vom Schatten aus das

feierliche Anpflügen verfolgen. Er setzte sich mit verschränkten Beinen unter den Baum und beobachtete achtsam den Ablauf des Festaktes. Hier genoss *Siddhārtha* die angenehme Kühle des Schattens und ein leichter Wind ließ seinen Schweiß trocknen.

„Hier bist du! Ich habe schon überall nach dir gesucht! Dein Vater vermisst dich," das war die Stimme von *Mahāpajāpatī Gotamī*, einer Nebenfrau *Śuddhodanas*, die *Siddhārtha* nach dem Tode seiner leiblichen Mutter, welche nur wenige Tage nach seiner Geburt gestorben war, gesäugt und aufgezogen hatte.

„Es ist ja soooo langweilig!", beschwerte sich *Siddhārtha*, „warum müssen denn diese heiligen alten Männer nur so ewig lang singen?"

„Aber *Siddhārtha*, das sind doch die heiligen Gesänge der Veden, uralte Schriften, die einst der Schöpfer des Himmels und der Erde, der große *Brahma*, den *Brahmanen* gegeben hat."

„Und warum singt Vater nicht mit. Er ist doch der *Rājā*. Es wäre doch nur gerecht, wenn er das alles leiten würde, die Gesänge und so."

„Das geht doch nicht, *Siddhārtha*. Der große *Brahma* hat diese Veden nur den *Brahmanen* gegeben. Natürlich ist dein Vater viel mächtiger als sie, er ist ja schließlich der *Rājā*. Aber jeder hat die Pflichten seiner *Kaste* zu tun. Die *Brahmanen* allein dürfen die heiligen Rituale durchführen, aber niemals kann ein Brahmane *Rājā* werden. Nur wer aus der Adelskaste ist, so wie dein Vater und du, nur der kann *Rājā* werden, oder Beamter."

„Bitte, Mutter, sag meinem Vater ich möchte hier bleiben. Hier kann ich alles genauso gut sehen und hier ist es viel schöner. Ich komme nachher wieder zu euch, wenn das Anpflügen vorbei ist und der Jahrmarkt beginnt, ja?"

Mahāpajāpatī Gotamī lächelte. ʿEr ist ja so süß, wie er da mit untergeschlagenen Beinen unter dem Baum sitztʾ, dachte sie und sprach: „Ist ja gut, mein Kleiner, ich werde deinem Vater Bescheid sagen. Bis später." Sie gab ihm einen Kuss auf die Stirn und ging zurück.

Und *Siddhārtha* saß ruhig wie ein *Buddha* mit untergeschlagenen Beinen unter dem Rosenapfelbaum und betrachtete die Zeremonie. Endlich waren die langweiligen *Brahmanen* fertig. *Śuddhodana* ging zu einem Pflug, der am Beginn des fruchtbarsten Feldes für ihn bereitgehalten wurde. Die Pflugschar glänzte in der Sonne und vor dem Pflug gespannt war ein stolzes, prächtig geschmücktes Ross, kein Ackergaul und auch kein Wasserbüffel wie vor den meisten der anderen Pflügen, die etwas abseits abgestellt waren. Dann zog *Śuddhodana* die erste Ackerfurche des neuen Jahres unter dem lauten Jubel des Volkes.

Als der *Rājā* am anderen Ende des Feldes angekommen war, gab er mit der Hand ein Zeichen und alle Bauern gingen nun zu ihren Pflügen, damit ein jeder eine Furche auf dem königlichen Acker zog und so an dem Ritual des Anpflügens teilnehmen konnte. Auf diese Art übertrug sich der Segen, den die Brahmanen von der Erdgöttin, dem Sonnengott, der Mondgöttin sowie den Göttern für Wind und Regen erhalten hatten, und auch die Beschwörungen der finsteren Mächte, die durch Hagel, Sturm und Blitzschlag die Ernte zerstören könnten, auf ihren Pflug und damit auch auf ihre Felder. Jeder war jetzt geschäftig, entweder mit Pflügen oder damit, die Wasserbüffel beim Pflügen anzufeuern. Die allgemeine Erregung übertrug sich auch auf *Siddhārtha*, der zum Feld rannte, um das Anpflügen jetzt aus nächster Nähe zu beobachten.

Und wie genau sah *Siddhārtha*, was da geschah! Aber es war nicht die freudige Stimmung der Volksmenge, die sich seiner bemächtigte, vielmehr sah *Siddhārtha*, wie die Dinge wirklich sind. Er sah den Bauern, der da pflügte. Er sah ihn wirklich! Er war ein alter Mann, und die Tätigkeit des Pflügens strengte ihn sichtlich an, dies um so mehr, als er ein etwas verkürztes linkes Bein hatte. *Siddhārtha* konnte in seinem Gesicht lesen, wie ihn jeder Schritt anstrengte. Er sah die angespannten Muskeln des Mannes, der sich bemühte, den Pflug gerade in der Furche zu halten, was offensichtlich sehr schwierig war, und er sah den Schweiß auf der Stirn des Mannes, der diese Arbeit hier in der gleißenden Hitze ausführen musste.

Aber *Siddhārtha* sah noch mehr. Er sah auch die Peitsche in der anderen Hand des Mannes. Und er sah wie diese Peitsche auf den Rücken des Wasserbüffels hernieder knallte. Er konnte die Peitsche förmlich auf seinem eigenen Rücken spüren und großes Mitgefühl mit dem Wasserbüffel überkam ihm. Der Büffel schien zu weinen, aber das sah nur so aus, denn an seinen feuchten Augen waren Hunderte von Fliegen, die den Büffel belästigten. Armes Tier!

Und dann sah *Siddhārtha* den Pflug. Er sah, wie er die Erde durchschnitt, und er sah, wie Regenwürmer und Engerlinge von diesem Pflug zerteilt wurden, wie sich diese kleinen Wesen krümmten und wanden vor Schmerz.

Und er sah die Vögel, die dem Pflug folgten, die sich mit lautem Schrei auf die nach oben gekommenen Würmer stürzten und die gierig alle kleinen Insekten verschlangen, die mit der offenen Scholle nach oben gekommen waren und die jetzt um ihr Leben liefen – die meisten vergebens.

Und dann sah er einen Greifvogel, der hinabstieß und einen dieser Vögel, der gerade an einem großen Regenwurm zog, in die Fänge nahm und auf einen Baum flog, um den noch lebenden kleinen Vogel zu rupfen.

Langsam drehte **Siddhārtha** sich ab. Tränen liefen jetzt über seine Wangen. Er kehrte zu seinem Rosenapfelbaum zurück und setzte sich mit untergeschlagenen Beinen darunter. Er senkte die Augenlider. Im Hintergrund hörte er die lärmenden, tanzenden und singenden Menschen. Dann versenkte er sich ganz in sich selbst. Bilder stiegen vor seinem geistigen Auge auf: Schweiß auf der Stirn eines Bauern, angespannte Muskeln, eine Peitsche, ein weinender von Fliegen belästigter Büffel, zerteilte Würmer, fliehende Käfer, zuschnappende Vögel, ein sich in den Klauen eines großen Vogels vor Schmerzen windender kleiner Vogel, aus dessen Mund noch ein Regenwurm herausragte.

****

Śuddhodana war beunruhigt, als **Siddhārtha** nicht zu den Festlichkeiten erschien, und da **Mahāpajāpatī Gotamī** ihm gesagt hatte, sie hätte ihn zuletzt unter dem kleinen Rosenapfelbaum sitzen sehen, ging er dorthin. Als er seinen Sohn sah, fand er ihn wunderschön. Wie eine Statue saß er da mit seinen untergeschlagenen Beinen im Meditationssitz unter einem Baum, sein Gesicht hatte einen nachdenklichen aber ruhigen Ausdruck. **Siddhārtha**, dieser gerade einmal neunjährige Knabe, gab ein Bild ab, das von erhabener Schönheit und seltener Würde war.

Śuddhodana bekam Angst. Er erinnerte sich an die Prophezeiung des **Asita** kurz nach **Siddhārthas** Geburt: entweder würde aus diesem ein großer weltlicher Herrscher werden - oder ein Heiliger, dessen Namen die Menschen noch in Tausend Jahren mit Ehrfurcht aussprechen würden. **Śuddhodana** sah, wie würdevoll sein Sohn dasaß. Aber er hatte den Eindruck, diese Würde sei nicht die eines Königs, sondern die eines Erleuchteten. *„Siddhārtha"*, sagte der Vater mit bedrückter Stimme.

Der Knabe öffnete langsam die Augen. „Es hat ihnen nichts geholfen, Vater. Den Vögeln, den Würmern, den Bauern und den Wasserbüffeln hat das ganze Gesinge der brahmanischen Priester nicht geholfen. Sie alle mussten leiden. Weißt du nichts, was gegen all das Leid hilft?"

„Nein, *Siddhārtha*, ich weiß das auch nicht, keiner weiß das. Aber vielleicht sollten wir jetzt erst einmal zu den Gauklern und dem Zauberer gehen."

„Vater, ich möchte eines Tages wissen, was all den Wesen hilft. Und dann möchte ich ihnen helfen. Mögen doch alle Wesen glücklich sein!"

Śuddhodana biss sich auf die Lippen. `Es ist wohl das Beste, wenn ich ihn in Zukunft im Palast lasse. Er soll nur junge, fröhliche Menschen um sich haben, damit er nicht mehr so ins Grübeln kommt und sich womöglich eines Tages diesen *Śrāmaṇeras*, diesen religiösen Suchern anschließt, die nicht an die Kraft der Veden und der brahmanischen Rituale glauben.´ So reifte in *Śuddhodana* ein Entschluss heran, der *Siddhārthas* Leben für nahezu zwei Jahrzehnte entscheidend beeinflussen sollte. Aber für *Siddhārtha* hatte dieser Tag noch eine weitere, noch viel tiefere Bedeutung. Mehr als ein Vierteljahrhundert später erinnerte sich der Asket *Gotama*, wie er einst als Kind unter einem Rosenapfelbaum gesessen und in tiefer Meditation gewesen war. Der Tag, an dem sich der Wanderer *Gotama* an dieses Erlebnis unter dem Rosenapfelbaum erinnerte, war der Tag, an dem er sich unter einen anderen Baum setzte, in *Bodh Gaya*, unter den *Bodhi-Baum*. Unter diesem anderen Baum sollte er dann die Lösung finden, das Ende allen Leidens. Aber das ist, wie ihr wisst, eine ganz andere Geschichte.

Der Mythos von den Vier Ausfahrten

Prinz **Siddhārtha**[4] hatte schon lange gezweifelt, ob er wirklich die ihm bevorstehende Karriere verfolgen sollte. Er war in jungen Jahren verheiratet worden, seine Frau hatte ihm inzwischen einen Sohn geboren, und er war dazu ausgebildet worden, dereinst Nachfolger seines Vaters **Śuddhodana** zu werden, der der **Rājā** von **Śākya** war.

Andererseits trieb ihn die Frage nach dem Sinn des Lebens um: man wird geboren, altert, leidet unter Krankheiten, stirbt, wird wieder geboren .... eine Endlosschleife. Laut der herrschenden Meinung im alten Indien, konnte man irgendwann aus diesem fast endlosen Lauf von Geburt und Wiedertod entkommen, dann wenn man erleuchtet war, was immer das sein mochte und wie auch immer das erreichbar war.

Das, was die **Hindupriester** dazu erzählten, stammte aus alten Schriften, den **Veden**, aber es war für einen logisch denkenden Menschen absolut nicht hilfreich. Daher gab es zu dieser Zeit, im sechsten Jahrhundert v.u.Z., eine Vielzahl an Aussteigern, an religiös Suchenden, an *śramaṇeras*, die sich bemühten, diesen Weg zum Ausstieg aus dem Rad der Geburten zu finden. Es dürften damals gleichzeitig über 100.000 solcher religiös motivierter Aussteiger in ganz Indien gewesen sein. Und natürlich fragte sich **Siddhārtha**: „Könnte das auch ein Weg für mich, sein?"

---

4 *Bitte beachten:* **Kursiv *und* fett** gedruckte Worte sind in einem Glossar am Ende des Buches erläutert – aber nur das, was *kursiv* <u>und</u> *fett* gedruckt ist

Später, nach seiner Erleuchtung, erzählte der **Buddha** oftmals von dem Weg zu dieser Entscheidung. Sprach er dazu zu gebildeten Mönchen, so erklärte er die Überlegungen, die schließlich zur Entscheidung führten, ob er in die **Hauslosigkeit** gehen sollte, so:

„Warum suche ich, wenn ich selbst der Geburt unterworfen bin, das, was ebenfalls der Geburt unterworfen ist? Warum suche ich, wenn ich selbst dem Altern, der Krankheit, dem Tode, dem Kummer und der Befleckung unterworfen bin, das, was ebenfalls dem Altern, der Krankheit, dem Tode, dem Kummer und der Befleckung unterworfen ist? Angenommen, ich suche die ungeborene höchste Sicherheit vor dem Gefesseltsein, **nibbana***, weil ich selbst der Geburt unterworfen bin und die Gefahr in dem, was ebenfalls der Geburt unterworfen ist, erkannt habe; ich suche die nicht alternde, nicht krankende, todlose, kummerfreie, unbefleckte höchste Sicherheit vor dem Gefesseltsein,* **nibbana***...*

Später, immer noch im jungen Alter, als schwarzhaariger junger Mann, mit Jugendlichkeit gesegnet, in der Blüte meines Lebens, rasierte ich mir Kopf und Barthaar ab, zog die gelbe Robe an und ging von zu Hause in die Hauslosigkeit, obwohl meine Mutter und mein Vater das nicht wünschten und mit tränenüberströmten Gesicht weinten." [5]

Aber dann, wenn er mit einfachen Leuten sprach, denen bewusstes Reflektieren über den Sinn des Lebens eher fremd war, kleidete der **Buddha** diesen Entscheidungsprozess in einen **Mythos**, den „Mythos von den Vier Ausfahrten". Der **Buddha** kommunizierte also auf verschiedenen Ebenen, manchmal kommunizierte er durch analytische Sprache, manchmal jedoch durch Mythen, Bilder, **Parabeln**, Gleichnisse. Letzteres ist für viele Menschen anschaulicher und leichter nachzuvollziehen.

---

5 Zitiert nach M26,13-14 (Ariyapariyesanā Sutta) in der Übersetzung von Mettiko Bhikkhu

Wir kennen dergleichen auch aus christlichen Mythen, z. B. dem Mythos von der Erschaffung der Welt, den Mythos von der Sintflut oder dem Mythos von der Geburt Christi.

Das sind schöne Mythen, und man sollte sie als Mythen, als Gleichnisse lesen. Wenn man sie als buchstäbliche Wahrheit liest, dann führt dies zu blindem Fundamentalismus. Auch im Buddhismus gibt es solche Mythen. Einige davon stammen augenscheinlich vom **Buddha** selbst. Ein solcher Mythos über eine Episode aus **Buddhas** Leben, die er selbst erzählte, sind „Die Vier Ausfahrten", die ich jetzt in meinen Worten wiedergebe:

Prinz **Siddhārtha** war von seinem Vater, König **Śuddhodana**, von allem Leid fern gehalten worden. Da diesem bei der Geburt des **Siddhārtha** von einem Weisen vorausgesagt wurde, dass aus **Siddhārtha** entweder ein großer weltlicher Herrscher oder ein religiöser Führer werde, ein Weiser, dessen Lehre von vielen Menschen lange Zeit verstanden, gelehrt und weiter verbreitet werde, wollte **Śuddhodana**, dass sich sein Sohn nicht mit Sinnfragen beschäftigt und hatte ihn fernab von allem Weltlichen, von allem Leidvollen, gehalten.

So wuchs **Siddhārtha** abgeschieden von der Welt in königlichen Palästen auf. **Śuddhodana** hatte drei solche Paläste, die er je nach Jahreszeit nutzte: einen Palast für den Winter, einen für den Sommer und einen für die Regenzeit. Wobei wir mit dem Ausdruck des Wortes „Palast" vorsichtig sein müssen. Wir dürfen dabei nicht an den Buckingham Palast oder die Schlösser König Ludwigs von Bayern denken. Es handelte sich vielmehr um mehrstöckige Villen mit einem großen Garten, man kann sagen: einem Park.

Und der Prinz wuchs nur in diesen Palästen und den dazugehörigen Gärten auf. Sein Vater hielt alles von ihm fern, was den jungen **Siddhārtha** ins Grübeln über den Sinn des

Lebens bringen konnte, stattdessen bot er ihm Zerstreuungen. *Siddhārtha*, so heißt es in diesem Mythos, war nur von jungen, schönen, fröhlichen Menschen umgeben. Er hatte Musikantinnen und Tänzerinnen zur Unterhaltung und um das Leben eines Playboy zu genießen. Er übte sich in Kampfeskünsten und es wurden Turniere und Wettkämpfe für ihn veranstaltet – wobei er, sehr zum Verdruss seines Vaters – bei Kampfspielen keinen besonderen Ehrgeiz zeigte. Er machte mit, weil das von ihm erwartet wurde, aber alles, was mit Sieg und Niederlage zu tun hatte, widerstrebte ihm.

Doch eines Tages, da war er laut diesem Mythos schon weit in den Zwanzigern, wollte er aus dem Palast heraus, irgendetwas trieb ihn um, machte ihn unzufrieden. Er teilte dies *Channa*, seinem Wagenlenker, mit und dieser berichtete König *Śuddhodana* von *Siddhārthas* Ansinnen. *Siddhārtha* wurde auf den übernächsten Tag vertröstet. Inzwischen ließ König *Śuddhodana* die Hauptstadt *Kapilavatthu* säubern, die Häuser neu weißen und mit Girlanden und Fähnchen schmücken, außerdem gab er bekannt, dass nur schöne junge Menschen an dem Tag der prinzlichen Ausfahrt aus den Häusern dürften.

Also sah der junge Prinz bei seiner Ausfahrt nur die Schokoladenseite der Stadt und allmählich heiterte sich seine bis dato trübe Stimmung auf. Dann jedoch geschah etwas, das ihn aufmerken ließ. Er hieß *Channa*, den Wagen anzuhalten, zeigte auf einen Mann und fragte seinen Wagenlenker: „*Channa*, was um Himmels willen ist denn mit dem los?"

„Wie, wieso, was meint Ihr?" *Channa* war überrascht, seinen Herrn so erschrocken und entgeistert zu sehen. „Meint ihr diesen Mann da? Na, das ist einfach nur ein alter Mann. Daher geht er so gebückt, das ist auch der Grund, warum er keine Zähne mehr hat, schlecht sieht und warum er all diese Falten im Gesicht hat. Das ist eben ein alter Mann."

„Meinst du, das passiert mit meinen Eltern im Alter auch? Mit meiner Frau und mit mir?", soll *Siddhārtha* laut diesem Mythos gefragt haben.

„Naja, mein Prinz, wir werden alle alt, ob König, Bauer oder Sklave, wir werden alle alt. Dem entgeht niemand."

Siddhārtha verfiel in tiefe Traurigkeit, er schwieg. Zum ersten Mal war ihm die Tatsache des Alterns bewusst geworden. Nie wieder würde es für ihn sein wie zuvor. Die unbeschwerte Leichtigkeit seiner Jugend war vorbei. Er bat *Channa* in den Palast zurückzukehren, wo ihn diese Tatsache noch tagelang beschäftigte. Dann jedoch wollte er wieder ausfahren. Auch diesmal ließ *Śuddhodana* wieder die Stadt auf Vordermann bringen und es wurden allen Leuten ab 40 Jahren ein Ausgangs-verbot erteilt.

Und so fuhren *Siddhārtha* und *Channa* erneut aus. Der Prinz war diesmal noch achtsamer, er blickte nicht nur auf die Straße, auf der sie fuhren, sondern auch in Nebenstraßen und Hofein-fahrten; dann hieß er *Channa* in eine Gasse abzubiegen. Der Prinz hatte wieder etwas erblickt; er verließ den Wagen, stand unschlüssig, glaubte seinen Augen nicht trauen zu können, als er einen am Boden liegenden, schreienden Mann sah, der Flecken auf der Haut hatte und sich erbrach: „*Channa*, was zum Teufel ist denn das nun wieder?"

„Nun, mein Prinz, dieser Mann ist krank, er hat Schmerzen, das kommt vor. Geht lieber nicht so nah heran, es kann sein, dass es ansteckend ist."

„Wie, kann mir das auch passieren?"

„Sicher, mein Prinz, vor Krankheiten ist keiner gefeit, es gibt die unterschiedlichsten Krankheiten, leichte wie Schnupfen oder Bronchitis, aber auch schwere wie die Ruhr, Malaria, Pest oder

Typhus. Die ein oder andere davon erwischt einen immer einmal, wir sind alle nur Menschen."

Eine große Traurigkeit bemächtigte sich des Prinzen, und er wollte zurück in den Palast, wo er sich in einem abgelegenen Zimmer verkroch und einige Tage über Alter und Krankheit reflektierte. Doch so schrecklich die Welt da draußen auch war, er wollte wieder hin, wollte sehen, was es dort zu sehen gäbe. Und so kommt es in diesem Mythos zur dritten Ausfahrt.

Es waren die üblichen Vorsichtsmaßnahmen getroffen worden, dass **Siddhārtha** möglichst mit nichts Schockierendem konfrontiert würde, doch abermals gab es einen Zwischenfall. Sie mussten an einer Kreuzung anhalten, weil eine Art Prozession ihren Weg kreuzte. Die Leute trugen Blumen, manche weinten, und dann wurde da ein großes Brett getragen, auf dem ein regloser Mann lag, der in weiße Tücher gehüllt war, seine Hände waren auf der Brust gefaltet und hielten einen Strauß Blumen.

Siddhārtha war steif vor Schreck, als er den Leichenzug sah. Noch nie zuvor war er mit dem Tod konfrontiert worden. Eine Tatsache wurde ihm in diesem Moment klar: Was auch immer geboren wurde, muss sterben. Und da, wer gestorben ist, wiedergeboren wird, so setzt sich dieser Kreislauf aus Geburt und Immer-Wieder-Tod immer weiter fort, in alle Ewigkeit — aber wo ist der Sinn eines Lebens, das von Geburt an dem Tod entgegenstrebt und dazwischen einem Alterungsprozess unterworfen ist und die Leute darüber hinaus noch anfällig für allerlei Krankheiten sind?

Siddhārtha kehrte traurig in seinen Palast zurück, alles schien ihm so sinnlos. Er aß in den folgenden Tagen wenig, trank nur Wasser und grübelte. Das Leben war ein Mysterium, und es war voller Leiden, das durch die Jagd nach Vergnügungen unterbrochen war - Vergnügungen, die jedoch alle vergänglich waren. Das einzig wirklich Unabänderliche waren Geburt, Alter, Krankheit und Tod. Aber wie um alles in der Welt konnten diese überwunden werden?

Nach Wochen des Grübelns wollte der Prinz ein viertes Mal ausfahren. Da draußen waren die Probleme, er hatte sie entdeckt. Hier im Palast betrieb man Weltflucht. Aber vielleicht waren da draußen nicht nur die Probleme, sondern auch deren Lösung!

So kam es zur vierten Ausfahrt des Prinzen und seines Kutschers **Channa**. **Siddhārtha** schaute mit scharfem Blick, ob er irgendetwas finden könnte, das eine Gegenkraft zu Geburt, Alter, Krankheit und Tod war. Da fiel ihm wieder eine Person auf, auch diesmal ein Mann. An diesem Mann aber war etwas Besonderes. Er ging mit heiterer Achtsamkeit, bedächtig und mit offenem Blick. Er strahlte so etwas wie gelassene Weisheit aus, und das obwohl er nur eine verwaschene gelbe Robe trug, die mehrfach geflickt war. In der einen Hand hatte er einen Bettelstab, in der anderen eine Bettelschale. Er war einer dieser **Sadhus**, einer von den wandernden heiligen Männern Indiens. Es war jemand, der hier draußen umherwanderte und sicher tausendfach Alter, Krankheit und Tod begegnet war. Und dennoch hatte er diese heitere Gelassenheit, diese Ruhe und Selbstgewissheit.

In selbigem Moment war es **Siddhārtha** klar: das war seine Zukunft. Auch er wollte so weise werden, wollte ein bedeutungsvolles Leben führen, ein gutes Leben. „Das Gute leben ist das gute Leben", dämmerte ihm[6]. Gewiss hatte dieser **Sadhu** lange meditiert, hatte mancherlei asketische Übungen unternommen. „Ich werde ebenso suchen, und ich werde nicht

---

6 „Das Gute leben ist das gute Leben" ist der Titel einer Vortragsreihe, die der Autor dieses Buches bei Meditation am Obermarkt in Gelnhausen über buddhistische Ethik hielt. Sie ist in Band 6 dieser Buchreihe veröffentlicht.

eher ruhen, als dass ich den Weg zu einer Existenz jenseits von Alter, Krankheit und Tod gefunden habe."

Mit wilder Entschlossenheit kehrte er in den Palast zurück und verkündete dort, was er gesehen habe, und welchen Entschluss er gefällt habe. *Śuddhodana* war entsetzt. Er sah sich in seinen schlimmsten Befürchtungen bestätigt: die Weissagung *Asitas* damals bei der Geburt *Siddhārthas* war eingetroffen. *Śuddhodana* versuchte alles. Er versprach sogar, seine Macht bereits in der nächsten Zeit mit seinem Sohne zu teilen, er appellierte an *Siddhārthas* Pflichtgefühl, er erinnerte an die Familientradition und an die Staatsraison, er verwies darauf, wie viel mehr Positives ein Staatenlenker erreichen könne als ein Bettler, doch *Siddhārtha* ließ sich nicht umstimmen.

Die „Vier Ausfahrten" hatten *Siddhārtha* verändert. Oder besser – um vom Mythos zurück in die Wirklichkeit zu kommen: vier Bilder vor *Siddhārthas* geistigem Auge hatten sich tief eingebrannt, drei Bilder von Problemen: Alter, Krankheit und Tod. Und ein Bild, das den Ansatz zu einer Lösung enthielt: der Bettelmönch. *Siddhārtha* wollte nicht willenloses Teil des Problems sein. Er wollte zu einem, zu DEM Instrument der Lösung werden.

Ein Entschluss war gefasst.

Der Entscheidungsprozess

*Im **Pāḷikanon** erfahren wir wenig über den Entscheidungsprozess an dessen Ende der Auszug des Prinzen **Siddhārtha** in die Hauslosigkeit stand. Was wir kennen, ist der Mythos von den „Vier Ausfahrten", den der **Buddha** selbst erzählte, und verschiedene kleine Hinweise in anderen Reden des **Buddha** und weiteren historischen Quellen. Daraus habe ich die Geschichte „Der Entscheidungsprozess" zusammengestellt, in dem der Abwägungsprozess des **Siddhārtha Gotama** im Lichte der Bedingungen im damaligen **Śākya** dargestellt wird. Selbstverständlich sind alle Dialoge nicht wörtlich so gesprochen worden, sondern dienen der Verdeutlichung des Abwägungs- und Entscheidungsprozesses.*

Für König **Śuddhodana** stand die Weissagung des Sehers **Asita** bei der Geburt seines Sohnes **Siddhārtha** sowohl als Verheißung als auch als Bedrohung im Raum. Entweder würde sein Sohn ein großer weltlicher Herrscher werden oder ein Weiser, dessen Lehren noch in Jahrhunderten vielen Menschen Richtschnur ihres Lebens sein würden. **Śuddhodana** war damals der **Rājā**, was in den Schriften meist mit „König" übersetzt wird. Aber es gab zu dieser Zeit in **Śākya** keine erbliche Monarchie. Die **Rājās** wurden von einer Ratsversammlung gewählt, in der jedes Familienoberhaupt der politischen **Kaste**, eine Stimme hatte. **Śākya** war also eine Art Adelsrepublik mit einem auf Lebenszeit gewählten Oberhaupt, dem **Rājā**. Dieser Adel, den ich eben als politische **Kaste** bezeichnet habe, wird meist mit „Kriegerkaste" übersetzt, man könnte auch Beamtenkaste sagen oder eben Adel, wie es zum Beispiel **Kay Zumwinkel** in seiner Übersetzung der **Mittleren Sammlung** macht.

Selbstverständlich waren einige dieser Familien angesehener als andere. Die derzeit herrschende Familie *Gotama* gehörte zu den angesehensten Familien und *Śuddhodana* wollte natürlich, dass die *Rājā*würde in der Familie blieb. Als *Rājā* überwachte er die Steuerbeamten, die Steuern eintrieben für alle wichtigen Staatsaufgaben, wozu neben dem Militär auch die Infrastruktur gehörte, also z. B. die Be- und Entwässerung zu organisieren. Und selbstverständlich fiel auch für das Leben der herrschenden Familie dabei etwas ab. So ist es nicht verwunderlich, dass *Śuddhodana*, der nur einen legitimen Sohn hatte, große Hoffnungen auf diesen, eben auf *Siddhārtha*, setzte.

Um seinen Sohn als Nachfolger aufzubauen, unternahm *Śuddhodana* alles, was in seiner Macht stand. Da ging es vor allem um die Ausbildung des Knaben und späteren jungen Mannes. Es wurden Lehrer ins Haus geholt, die diesem Bildung angedeihen ließen. Als wichtigste Lehrgegenstände gehörten dazu die Kampfeskünste, wozu Reiten, Speerwerfen und Bogenschießen zählten, und dann natürlich auch militärische Taktik und Strategie. Kunst und Kultur machten ein weiteres Feld aus. *Siddhārtha* musste die weltlichen Rituale beherrschen, wie z. B. das angemessene Auftreten bei Festen und an Feiertagen, wie dem öffentlichen Anpflügen, dem Ziehen der ersten Ackerfurche eines Jahres, dem Erntedankfest usw. Hier gab es Berührungspunkte zum Geschäft der *Brahmanen*, der Priesterkaste, und es war wichtig zu wissen, was nur den *Brahmanen* zustand und was Aufgaben des weltlichen Herrschers waren. Jede Zuwiderhandlung wäre ein Tabubruch gewesen und würde automatisch zu Gesichtsverlust führen.

Ein weiterer Lehrgegenstand war die Rechtspflege, denn der *Rājā* war auch oberster Gerichtsherr. Als solchem oblagen ihm die wichtigsten juristischen Entscheidungen. Und da die anstehenden Fälle selbstverständlich Stadtgespräch in *Kapilavatthu*, der Hauptstadt *Śākyas*, waren, war es auch wichtig, die öffentliche Meinung hier auf seiner Seite zu haben. Einen Teil dieses Unterrichts übernahm *Śuddhodana* selbst, indem er seinen Sohn bei Gerichtsprozessen, die er selbst leitete, teilnehmen ließ, und ihm dann die Beweggründe für seine Entscheidungen erläuterte. Hier war *Śuddhodana* keineswegs immer zufrieden mit der Haltung seines Sohnes, der die abschreckende Wirkung von Todesurteilen anzweifelte, und der bei anderen Strafen, wie Blendung oder Verstümmelung des Angeklagten nicht in erster Linie an die Staatsraison dachte, sondern sich in die Lage des Delinquenten versetzte und dessen Sicht seinem Vater erläuterte.

Śuddhodana erkannte, wie sein Sohn von jeder Art Leiden beeindruckt war und wie er dabei Mitgefühl entwickelte, das nach Meinung *Śuddhodanas* unangemessen war: „Wenn du ein guter Herrscher sein willst, einer, der die öffentliche Meinung auf seiner Seite hat, musst du Exempel statuieren. Die Leute sehen Ungerechtigkeiten und wollen Rache, sie wollen Blut sehen. Und wenn der *Rājā* diese blutigen Urteile fällt, so dient das zu zweierlei Zwecken: erstens werden die Rachegelüste der Menge bedient und zweitens haben die Leute Angst vor Strafe und so werden sie von Straftaten abgeschreckt.“

Siddhārtha war von der Weisheit seines Vaters da keineswegs überzeugt: „Da hat ein armer Mann etwas genommen, was ihm nicht gegeben wurde, weil seine Familie Not litt. Sicher ist das Unrecht, aber wenn das Urteil auf Handabhacken lautet, wird die Not der Familie noch größer. Für diese Familie ist der *Rājā* kein Gerechter, er ist derjenige, der die Not verschlimmert. Und der Sohn dieses Mannes wird daraus lernen, dass man geschickter vorgehen muss. Er lernt, dass es schlecht ist, einen Zeugen am Leben zu lassen, er wird Hass auf den *Rājā* und auf die Leute entwickeln, die der Verstümmelung seines Vaters zugestimmt haben. Auf diese Art wird Hass mit Hass beantwortet. Aber Hass erzeugt keine Liebe, keine Zuneigung, sondern führt zu neuem Hass. Nur Großmut ist in der Lage, Hass zu besiegen.“

Derartige Stellungnahmen seines Sohnes fand *Śuddhodana* extrem weltfremd, und er sagte sich, dass sein Sohn zu stark auf Leid mit Mitgefühl antwortete. Er nahm sich also vor, *Siddhārtha* weniger mit Leid zu konfrontieren. Da war die Begeisterung seines Sohnes für Spiele schon besser. Er musste ihn möglichst mit Spielen erziehen, in denen es um Taktik und Strategie ging, das kam *Siddhārthas* intellektuellen Fähigkeiten näher. Und statt Leid, muss er Kurzweil erleben und Freude. Also sorgte *Śuddhodana* dafür, dass es häufige Feste gab, Festessen, Unterhaltungsmusik, Tänzerinnen und Mädchen, die seinem Sohn die Zeit versüßten, auf dass er Gefallen am höfischen Leben fand.

Und auch eine Ehefrau brauchte sein Sohn, schließlich musste dieser legitime Erben zeugen, die dereinst die Familientradition fortführen könnten. Natürlich mussten Ehen von den Eltern im Familieninteresse arrangiert werden, es galt Mehrheiten in der Ratsversammlung der Adelsgeschlechter zu organisieren. Daher einigte sich *Śuddhodana* mit dem Oberhaupt einer anderen Adelsfamilie der *Śākya*, nämlich mit *Suppabuddha*, und so wurden *Siddhārtha* und seine Cousine *Yaśodharā* ein Ehepaar, als die beiden sechzehn Jahre alt waren, was damals als das ideale Alter für eine Vermählung galt.

Später einmal sollte *Yaśodharās* Bruder *Devadatta* ein Gegenspieler des Buddha werden, aber das ist eine andere Geschichte. Die Eheschließung seines Sohnes war für *Śuddhodana* recht günstig, denn es kamen nur Frauen in Frage, die aus den führenden Familien der Region stammten, und da gab es neben den *Śākya* nur eine ähnlich angesehene Familie: die *Koliya* – und *Yaśodharās* Großvater war das Stammesoberhaupt der *Koliya,* die Eheanbahnung war also eine Sache der Machtpolitik der Familie und der Staatsraison.

Siddhārtha wurde somit verheiratet, aber er war sich keineswegs sicher, ob er tatsächlich in die Fußstapfen seines

Vaters treten sollte. Seit seinem Erlebnis unter dem Rosenapfelbaum hatte er die Ahnung, dass es auch etwas anderes gäbe als dieses weltliche Leben, das ihm durchaus gelegentlich attraktiv erschien. Manchmal genoss *Siddhārtha* tatsächlich die Feste. Dann wieder erschien ihm das alles als oberflächlich, es musste etwas anderes geben, etwas wirklich Bedeutsames. Ja, mit Musik und hübschen Mädchen, mit leckerem Essen und Getränken aus vergorenen Früchten konnte das Leben stundenweise erträglich sein. Doch spätestens am nächsten Tag kam der Katzenjammer. Das Leben am Hof war so oberflächlich! Andererseits: wie viel besser hatte er es als die meisten anderen Menschen, vor allem als die Kastenlosen, die Unberührbaren.

Aber wohin führte ihn sein Leben? Sollte er wirklich ein *Rājā* werden wie sein Vater? Jemand der Krieg führte und der Todesurteile und Verstümmelungen anordnete, weil es der Staatsraison und der öffentlichen Meinung geschuldet war? Und wohin führte das? Hass wurde mit Hass beantwortet. Und wohin führte dieses Leben überhaupt? Er konnte es an den Menschen aus seinem Umfeld sehen: im Alter ging es ihnen nicht besser, Krankheiten befielen sie und ließen sie leiden. Mit zunehmendem Alter wurden die Gebrechen mehr, schließlich starben sie. Und dann? Folgte unweigerlich die nächste *Wiedergeburt*. Und das alles nur um erneut zu altern, zu erkranken, zu sterben. Zwischendurch betäubt durch allerlei ablenkende Sinnesgenüsse – wenn man das Glück hatte zu einer Adelsfamilie zu gehören.

Die *Brahmanen* sprachen zwar von einem Ende des Rades der Wiedergeburten – aber erst irgendwann in sehr ferner Zeit – nach Millionen von *Wiedergeburten*, nach Millionen von Leben mit *Alter, Krankheit und Tod,* nach Millionen von Leben, in denen man die *Brahmanen* rufen musste, um die teuren Rituale zu veranstalten, die eine gute *Wiedergeburt* versprachen. Aber vielleicht waren diese *Brahmanen* gar nicht daran interessiert, dass man das Ende der **Wiedergeburten** erreicht, denn vom Glaube an **Wiedergeburt**, die Notwendigkeit einer guten **Wiedergeburt** und den damit verbundenen Ritualen hing ihr Geschäftsmodell ab.

Siddhārtha hatte mit einigen der **Brahmanen** gesprochen, er wollte wissen, was sie in ihren Ritualen sehen, wodurch die **Wiedergeburten** beeinflusst würden, aber wann immer er sie fragte, erhielt er nur höchst unbefriedigende Antworten: sie schienen überhaupt nichts selbst erfahren zu haben. Sie beriefen sich immer auf uralte Schriften, auf die **Veden**, auf das, was früher jemand gesehen haben wollte, vor vielen Jahrhunderten, vielleicht vor Jahrtausenden. Aber nichts davon war überprüfbar. War das nicht vielleicht doch alles nur hohler Glaube?

„Die **Brahmanen** wissen nichts!" war **Siddhārtha** allmählich überzeugt. Keiner von ihnen schien auch nur so viel Verständnis für die Realität zu haben, wie ihm bei seiner Meditation unter dem Rosenapfelbaum aufgestiegen war. Es gab allerdings auch Alternativen zu diesen brahmanischen Riten. Es gab da diese **Sadhus**, diese wirklichen oder sogenannten Heiligen, die umherzogen. Mitunter war ein angesehener Mann darunter, der in die Hauptstadt **Kapilavatthu** kam. Und manch einer von ihnen hielt auch Vorträge. Wann immer er es ermöglichen konnte, versuchte **Siddhārtha** dorthin zu gehen. Sicher, das war problematisch, denn sein Vater sah das nicht gern. Nein, er hatte es ihm nicht wirklich verboten, denn auch **Śuddhodana** wusste, dass Verbote eine Sache nur attraktiver machen. Aber wann immer einer dieser heiligen Männer sprach, gab es irgendetwas, wozu **Siddhārtha** anwesend sein musste: ein Ritual, ein Turnier, ein Fest, bei dem ihm eine bestimmte Rolle zukam. Manchmal schaffte es der junge **Siddhārtha** aber eben doch zu einem dieser Vorträge zu gehen.

Bald war ihm klar, dass diese Vorträge von sehr unterschiedlicher Qualität waren. Meist waren die Vorträge der Nacktasketen besser als die der Feuerpriester, aber es gab so viele *śramaṇeras*, dass es ziemlich unübersichtlich war.

Einmal hörte er einen Vortrag von einem Mann, dessen Ausstrahlung ihn beeindruckte, einer der mehr zu wissen schien, als alle die **Brahmanen**, die bei Hofe vorstellig wurden und **Siddhārtha** hatte Gelegenheit hinterher mit ihm zu sprechen.

Die Weisheit und die milde Güte dieses Mannes beeindruckten ihn, allerdings war der Weise etwas skeptisch, dass der Sohn des **Rājā** sich dafür interessierte: „Ich fürchte, Edler Herr **Gotama**, das ist nichts für Euch. Ihr werdet definitiv nicht sehr weit in eurer Praxis kommen, wenn ihr **Rājā** seid oder auch nur am Hofe des **Rājā** lebt. Dieses Leben ist nicht das heilige Leben, beide Lebensweisen sind nicht kompatibel. Es wäre aber gut, wenn ihr – sei es als **Rājā** oder als Prinz – zu Vorträgen der **Sadhus** kommt. Es kann sein, dass ihr dadurch neue Einblicke bekommt."

„Woher aber habt ihr, verehrungswürdiger **Sadhu**, Eure Weisheit, Euer Verständnis der Dinge?"

„Nun, Prinz **Siddhārtha**, da sind drei Dinge zu nennen: erst einmal ist da die Askese, denn ein Leben in Völlerei, wie Ihr es bei Hofe lebt, ist der geistigen Entwicklung nicht dienlich; ich ernähre mich nur von dem, was man mir gibt, von Almosenspeise. Das zweite ist die Lehre des Wanderns. Ich bin viel unterwegs und sehe viele Dinge. Ich betrachte die Dinge tief, das heißt, ich versuche zu verstehen, warum die Dinge so sind, wie sie sind. Und das dritte ist meine Meditation, ich habe bei mehreren Meistern die Meditation gelernt."

„Bei wem, Verehrungswürdiger, habt ihr diese tiefe Weisheit erfahren?"

„Nun, Prinz **Siddhārtha**, es gibt die unterschiedlichsten Techniken, es geht dabei um das Erreichen der meditativen **Vertiefungszustände**, der **jhānas**. Aber auch hier ist es sehr unterschiedlich. Mancher ist schon froh, wenn er nur das erste **jhāna** erreicht, das durch **vitakka** und **vicāra** gekennzeichnet ist. Aber bei meinem letzten Meditationsmeister, bei **Āḷāra Kālāma**, habe ich auch das fünfte dhyana erreicht, das **Raumunendlichkeitsgebiet**. Der ehrwürdige **Āḷāra Kālāma** beherrscht sogar noch zwei höhere **jhānas**, das Gebiet der **Bewusstseinsunendlichkeit** und das der **Nichtsheit**. **Āḷāra Kālāma** ist der vielleicht größte lebende Meditationsmeister.“

Siddhārtha war beeindruckt. Es gab eine Alternative zu seinem Leben! Andererseits war da die Familientradition, ein Ausstieg aus dem Leben als Thronanwärter wäre ein Verrat an seiner Familie. Dabei sah er sich weniger in der Tradition seines Vaters, des **Rājās** als in der seiner Amme, von **Mahāpajāpatī Gotamī** der Schwester seiner Mutter, die unmittelbar nach seiner Entbindung verstorben war. **Mahāpajāpatī Gotamī** war eine Nebenfrau **Śuddhodanas**, beide Frauen stammten auch aus dem Hause **Koliya**. Ihr fühlte er sich verpflichtet, sie war die Mutter, die ihn gesäugt hatte. Von ihr hatte er allerdings nicht nur die Muttermilch erhalten, sondern auch Liebe, Zuneigung und Verständnis; sie schien ein gewisses Maß an mitfühlender Weisheit zu haben, etwas das seinem Vater abging. Sie war für ihn die Verkörperung der Familie, einer Familie, die er nicht verraten wollte. So lebte **Siddhārtha** in einem inneren Konflikt.

Er hatte eine gewisse Distanz zur Familienpolitik – aber er war doch ein Spross seiner Familie. Er hatte die Hochzeit mit **Yaśodharā** mitgemacht, klar, welche Alternative hätte er auch gehabt? Wir wissen auch, dass die Ehe vollzogen wurde. Allerdings ist es höchst verwunderlich, dass der einzige Sohn von **Siddhārtha** und **Yaśodharā** erst zwölf Jahre nach der Eheschließung zur Welt kam. Ob die beiden auch Töchter hatten, ist nicht bekannt, auf jeden Fall werden Töchter nie erwähnt, warum auch, sie sind in der patriarchalischen Struktur Indiens irrelevant.

„Ja, Vater, ich kann mir durchaus vorstellen, als *Sadhu* in die Hauslosigkeit zu gehen. Dieses Leben bei Hofe befriedigt nicht, es ist eine Ansammlung hohler Rituale, was ist das schon gegen höchste Weisheit, gegen *Erleuchtung*?"

„Erleuchtung, Erleuchtung! Wenn ich das schon höre! Keiner weiß, was das wirklich ist. Die *Brahmanen* reden davon, aber was es wirklich ist, können sie auch nicht sagen, nur dass dann das *Rad der Geburten* beendet ist. Und diese *Sadhus*? Ein Haufen von Verrückten und Hungerleidern. Glaub mir, ich habe einige von denen angehört, die meisten sind Spinner. Zugegebenermaßen einige von denen haben auch ganz interessante Ideen, aber Erleuchtete gibt es darunter keine. Und wenn du so etwas wie Erleuchtung anstrebst, so hast du in diesem Palast allemal bessere Bedingungen als diese ärmlichen *Sadhus* auf den Straßen.

„Nein, mein Sohn, du wirst *Rājā*, du machst, was deine Familie von dir erwartet. Und wenn du einst *Rājā* bist, nach meinem Tode, kannst du dir gern immer einmal einen dieser *Sadhus* kommen lassen und mit ihm meditieren. Das ist das einzig Vernünftige, und eines Tages wird dein Sohn *Rājā* – falls du irgendwann einen hast, bis jetzt hast du ja noch nicht einmal das zustande gebracht! Wenn dein Sohn eines Tages reif ist für die *Rājā*würde und du noch nicht zu alt bist, kannst du es machen wie einige andere alte Leute auch, die setzen sich mit 50 zur Ruhe und widmen sich der Spiritualität. Aber zuerst kommt die Familie, zuerst, und zwar vorher - verstanden!"

Siddhārtha hatte verstanden. Wenn er weder die Familie verraten wollte, noch so enden wie *Śuddhodana*, dann wäre es eine Alternative einen Sohn zu zeugen, der dann von *Śuddhodana* als künftiger *Rājā* aufgebaut würde, so alt ist sein

Vater schließlich noch nicht, dass er dies nicht noch bewerkstelligen könnte. Ja, das erschien ihm ein gangbarer Kompromiss: einen Sohn für die Familie gegen seine Freiheit. Allerdings würde er, *Siddhārtha,* nicht bis zum fünfzigsten Lebensjahr den *Rājā* spielen.

Wir wissen nicht, ob *Siddhārtha* diesen Vorschlag ausgesprochen hat, ob er seinem Vater ein Abkommen vorgeschlagen hat: dein Enkel für den Hof und meine Freiheit für mich! Warum eigentlich nicht? Wenn *Siddhārtha* einen Sohn hätte und kurz darauf – sagen wir in einem Feldzug – umkäme, würde selbstverständlich sein Sohn zum *Rājā* aufgebaut werden. Warum also nicht den Sohn zeugen und sich dann abmachen, in die Hauslosigkeit zu ziehen, statt ins Feld und dort zu fallen. Möglicherweise war dies anfangs ein Gedankenspiel, doch allmählich schien es zu einer echten Option zu werden, schließlich zu einem Plan.

Siddhārtha nahm seine Pflichten war. Er zeugte einen Sohn. Er nahm an militärischen Übungen teil. Aber, wann immer sich die Gelegenheit ergab, ging er hinaus, um den Lehren der umherwandernden *Sadhus* zu lauschen. Die meisten waren alles andere als beeindruckend. Doch von einem hatte er schon zuvor gehört, den wollte er auf keinen Fall verpassen. Man sagte von ihm, er habe die sechste *Vertiefung* erreicht: das *Bewusstseinsunendlichkeitsgebiet*. Und wirklich, als *Siddhārtha* seinem Vortrag lauschte, hatte er ein ähnliches Gefühl wie bei jenem Sadhu, der das *Raumunendlichkeitsgebiet* erreicht hatte. Da war es wieder: es gab definitiv etwas, das mehr war, als alles, was *Siddhārtha* bekannt war, und so suchte er auch das Gespräch mit diesem Meditationsmeister.

„Ehrwürdiger *Sadhu*, erst einmal zuvor war ich von einem *Sadhu* ähnlich beeindruckt wie von euch. Ich habe diesen verehrungswürdigen Mann gefragt, und er sagte mir, er habe bei *Āḷāra Kālāma* gelernt, sei sein Schüler gewesen, dieser

Meister habe das Nichtsheitsgebiet erreicht. Seid auch Ihr *Āḷāra Kālāmas* Schüler?"

„Nein, hoher Herr, ich habe von *Āḷāra Kālāma* gehört, war aber nicht sein Schüler, sondern der von *Uddaka Rāmaputra*. Dieser hat, ebenso wie *Āḷāra Kālāma* selbst, das Nichtsheitsgebiet, die siebte Vertiefung erreicht. Aber *Uddakas* Vater, der *Rāma*, der hat sogar die höchste Vertiefung erreicht, das was derzeit in diesem Teil der Welt niemand sonst beherrscht, die achte Vertiefung, das *Gebiet der Weder-Wahrnehmung-noch-Nicht-wahrnehmung*. *Uddaka Rāmaputra* und *Āḷāra Kālāma* sind also zweifelsfrei die beiden besten Meditationslehrer, die man heute haben kann."

Prinz *Siddhārtha* war beeindruckt von diesem Gespräch und er prägte sich die beiden Namen ein, denn er sagte sich: „Wenn ich dereinst den Palast verlasse und in die *Hauslosigkeit* ziehe, dann werde ich einen der beiden aufsuchen. Wenn man irgendwo zur Erleuchtung kommen kann, dann sicher bei einem der beiden – und ganz sicher nicht bei diesen hohlen Ritual-*Brahmanen*!"

In der Tat schien der Plan *Siddhārthas* allmählich aufzugehen: *Yaśodharā* war schwanger. Wenn sie ihm einen Sohn gebären würde, so wäre er, *Siddhārtha*, in der Lage, dem Palast den Rücken zu kehren, ohne den Makel des Familienverrats zu erzeugen, denn dies hätte sicherlich negative *karmische* Folgen, so sagte er sich, dann könne er vermutlich die Erleuchtung vergessen. Dann würde er niemals das Rad von Alter, Krankheit, Tod und Wiedergeburt verlassen können – aber mit diesem Kompromiss würde es möglicherweise gelingen.

Śuddhodana war höchst erfreut, als er von der Schwangerschaft seiner Schwiegertochter hörte, allerdings sah er dies als Zeichen, *Siddhārtha* noch stärker in die Pflicht zu nehmen: „Endlich hast du dich entschieden, die dir von den Göttern zugewiesene Aufgabe anzunehmen, als Glied der Kette der *Rājās* von *Śākya* deine Pflicht zu tun. Endlich ist es soweit, dass ich dir, dem künftigen *Rājā* des Landes, einige Pflichten übertragen kann."

Siddhārtha ist entrüstet über diese Wendung der Dinge, er geht zu *Mahāpajāpatī Gotamī*, die nicht nur seine Ziehmutter ist, sondern auch so etwas wie seine Vertraute: „Da hatte ich gehofft durch einen Kompromiss aus diesem verdammten Palast herauszukommen und meinen Weg als *Sadhu* zu gehen, und schon nimmt das mein Herr Vater zum Anlass, mich noch stärker in die Pflicht zu nehmen. Ich hatte gehofft, *vimutti* – die Befreiung – durch einen Sohn zu erreichen, jetzt sieht es jedoch so aus, als wäre dieser nicht *vimutti*, sondern im Gegenteil: *rahula*, eine Fessel, mit der man mich an diesen Palast binden möchte. Ich sage dir eines: ich werde diesem Sohn den Namen geben, als den mein Vater ihn gegen mich verwenden möchte, ich werde ihn *Rahula* nennen – Fessel! Das soll sein Name sein – aber dann werde ich mich von dieser Fessel lösen – so wie man sich von allen Fesseln lösen muss, wenn man den spirituellen Weg geht!"

Seine Ziehmutter ging auf ihn zu und legte ihm den Zeigefinger auf den Mund: „Sag das nie wieder, *Siddhārtha*. Wenn du willst, nenne ihn *Rahula*. Aber sage niemandem, dass er eine Fessel ist, von der du dich lösen möchtest. Das, mein geliebter *Siddhārtha*, soll unser beider Geheimnis bleiben."[7]

Es blieb das Geheimnis der beiden. Allerdings war *Śuddhodana* zwar nicht weise, aber er war auch nicht dumm. Daher ließ er vorsichtshalber Wachen aufstellen, und zwar schon kurz vor der Geburt *Rahulas*, die sicherstellen sollten, dass *Siddhārtha* nicht

---

7   Es war wohl nicht das einzige Geheimnis, das die beiden teilten. Vermutlich hatte er von *Mahāpajāpatī Gotamī* auch erfahren, was ihrer Schwester (Siddharthas Mutter) im Zusammenhang mit seiner Geburt widerfahren war.

türmte. Die Familien- und die Staatsraison verlangte das, und seine Aufgabe als **Rājā** war es, gemäß dieser Raison zu regieren.

So kam der Tag von **Yaśodharās** Niederkunft und *Rahulas* Geburt. Tatsächlich: ein Sohn war geboren, und er erhielt den Namen **Rahula**. **Siddhārtha** aber hatte mit **Channa**, seinem Wagenlenker, für die nächste Nacht die Flucht vorbereitet. Damit die Abreise weniger auffiel, wollten sie nicht die Kutsche nehmen, sondern reiten, sobald alle schliefen.

In der Nacht kleidete sich **Siddhārtha** an, in der Schlafstube brannte nur ein kleines Öllicht. Plötzlich überkam **Siddhārtha** das dringende Bedürfnis seinen kleinen Sohn noch einmal zu betrachten und ihm und **Yaśodharā** einen Abschiedskuss zu geben. Er zögerte. So lange hatte er schon gewartet, zwölf Jahre waren seit der Eheschließung vergangen und seit heute war da jemand, der Blut von seinem Blut war, Fleisch von seinem Fleisch! Und in ihm stieg das Wissen auf: wenn ich mich jetzt umdrehe, die beiden ansehe, sie küsse, werde ich mich nicht von ihnen lösen können, dann zieht sich die Schlinge zu, dann werde ich ein Gefangener sein. Und so ging **Siddhārtha**, ohne sich noch einmal umzudrehen, mit Tränen in den Augen weg, wie er später mehrfach erzählte. Er löste sich von seiner Familie – von seiner Fessel!

Am Stall traf er auf **Channa**, dieser hatte die Hufe der Pferde mit Tüchern umwickelt, damit niemand bei Hofe durch das nächtliche Hufklappern geweckt werde. Die beiden ritten die Nacht durch und im Morgengrauen erreichten sie den Grenzfluss Rohni, der das Gebiet der **Śākya** von dem der Koliya trennte. Dort stieg der Prinz ab, legte sein goldenes Geschmeide nieder und übergab es **Channa**. Dann nahm er sein Schwert und schnitt sich damit die langen Haare ab, die ein Zeichen des Adels waren, anschließend übergab er auch das Schwert **Channa**. Die beiden verabschiedeten sich und **Siddhārtha** watete durch den Grenzfluss. Auf der anderen Seite traf er auf einen Jäger, der zu morgendlicher Stunde auf der Jagd war.

Die beiden musterten einander: „Hohe Herren wie Euch sieht man selten so früh unterwegs," sagte der Jäger."

„Ich bin kein hoher Herr, ich bin ein *śramaṇera*."

„Nein, mein Herr, so seht ihr wirklich nicht aus, Ihr tragt edle Kleidung, golddurchwirkte Stoffe."

„Dann lass uns die Kleider tauschen!"

Der Jäger konnte sein Glück kaum fassen. Die beiden tauschten die Kleider. Aus dem Prinzen **Siddhārtha** war der Wanderer **Gotama** geworden. Und der ging jetzt seines Weges.

Gotamas Lehrjahre

Am ersten Morgen in der Hauslosigkeit schnitzte sich *Siddhārtha Gotama*, der jetzt kein Prinz mehr war, sondern ein einfacher Wanderer, eine Bettelschale. Mit dieser ging er, jetzt ein *śramaṇera*, später von Haus zu Haus, von Hütte zu Hütte, denn er wollte nicht mehr elitär sein, er wollte das essen, was die einfachen Leute essen, er war jetzt ein einfacher Suchender, ein *śramaṇera*.

Das erste, was er bekam, war eine Handvoll Reis. Das war allerdings nicht so ein guter Reis, wie er ihn von zuhause kannte, sondern einer von der billigsten Sorte, er war klebrig und etwas angebrannt, und die Frau, die ihm so von dem Essen ihrer Familie abgab, fasste mit ihren schmutzigen Händen – sie hatte kurz zuvor ihren eingekoteten Säugling gesäubert – in die Schüssel, formte mit ihren schmutzigen, stinkenden Finger einen Reisball und legte ihn in *Gotamas* Almosenschale. Das war so völlig anders, als das höfische Essen, dass es *Gotama* nie in den Sinn gekommen war, dass es dergleichen geben könnte, genauso gut könnte er mit den Schweinen im Suhl nach Nahrung suchen! *Gotama* starrte entsetzt auf den Reis, dann ging er jedoch weiter, denn er war jetzt kein Prinz, sondern ein Bettler, und als solcher musste er seine Nahrung zusammen-suchen. Oft wurde er abgewiesen, doch dann bekam er wieder etwas, es war Dal, Linsenbrei. Die Hausfrau schöpfte ein wenig von dem Dal, wozu sie sich einer benutzten, schmutzigen Tasse bediente, in *Gotamas* Bettelschale. Er ging weiter, dort saß ein Mann, der altes, halbverschimmeltes Brot an einen Hund verfütterte. Als er *Gotama* sah, gab er ihm auch einen Kanten von seinem schimmligen Brot in die Schale. Nach einer Stunde verließ *Gotama* das Dorf, er setzte sich unweit eines Baumes nieder und besah seine Bettelschale. Das war so völlig anders als seine romantische Idee, als Weisheitssucher durch die Gegend zu ziehen!

Verblendung! Sagte sich *Siddhārtha*, das ist Verblendung, ich muss lernen, ich muss begreifen, wann immer ich verblendet bin, wann immer ich unreife Wunschprojektionen habe, und sie dann loslassen. Die Götter scheinen mir diese Lehre erteilen zu wollen. Ich sollte ihnen dafür dankbar sein.

Mit einer Dankbarkeit, die vom Verstand kam, nicht vom Herzen, begann *Gotama* mit den Fingern in der Bettelschale einen kleinen Klumpen zu formen und führte ihn zum Mund. Es schmeckte noch scheußlicher als er erwartet hatte. Er musste würgen, aber er beherrschte sich. Er atmete tief durch. „*Śramaṇera Gotama*, das ist jetzt dein Leben. Das heilige Leben ist kein Zuckerschlecken. Aber es ist zielführend – hoffentlich.“

Es gelang ihm fast die Hälfte des Essens in seiner Schale zu verzehren, bevor er sich übergeben musste. Er ging einige Meilen weiter, noch immer den Rest der Mahlzeit in seiner Schale. Er war hungrig. Er machte einen zweiten Versuch. Das Ergebnis war das gleiche, sein Magen wollte diese Art Nahrung einfach nicht bei sich behalten.

Aber *Gotama* hielt durch. Mit eisernem Willen und stoischem Gesicht erbettelte er auch am nächsten Tag seine unappetitliche Mahlzeit, die er ebenso wieder erbrach. Auch der dritte und vierte Tag brachten keine Änderung. Zwischendurch fand er etwas Obst, das er seinem Magen zumuten konnte. Doch er hielt daran fest: einmal täglich Bettelnahrung sammeln.

Es war etwa der vierzehnte Tag, als er erstmals die Nahrung bei sich behielt. In ihm kam so etwas wie Stolz auf. Sein Geist hatte seinen Körper besiegt. Die erste Lektion war erfolgreich bestanden. Die nächsten beiden Tage verliefen ähnlich. Er erbettelte sich seine Nahrung, die nicht dem Genuss diente, sondern eben nur, um diesen Körper zu erhalten. Mitunter saß er nieder und reflektierte über sein neues Leben. Allmählich kam er auch damit zurecht, auf dem blanken Boden zu schlafen, nachdem er ihn zuvor auf Spuren von Schlangen, Skorpionen und den giftigen Hundertfuß abgesucht hatte. Lediglich das Heulen der Wölfe und Hyänen sowie das Brüllen von Löwen und Tigern ließen ihn noch erschaudern, und Angstschweiß benetzte seine einfache Robe.

Am Ende der dritten Woche hatte er sich in seinem neuen Leben einigermaßen eingerichtet. Und er hatte auch schon begonnen, wann immer er andere *śramaṇeras* traf, zu fragen, ob jemand wüsste, wo sich ***Āḷāra Kālāma*** aufhalte.

Sobald er einen Hinweis auf den Aufenthalt dieses Meisters der Meditation hatte, wurde ihm warm ums Herz. Nun schien sein Leben geradlinig zu verlaufen. Er wanderte mit strammen Schritten in Richtung seines künftigen Lehrers und erreichte dessen Aufenthaltsort wenige Tage später.

Schon von weitem sah er seine neue Schule. Man darf sich allerdings kein Schulhaus mit Klassen und einem Schulleiter vorstellen. Was er sah, war ein Hain, indem verschiedene *śramaṇeras* einzeln abseits saßen, offensichtlich in meditativen Übungen. Dort, wo der Mittelpunkt dieser Schulaktivitäten zu sein schien, saßen drei Gruppen von jeweils drei bis fünf *śramaṇeras* und sprachen miteinander. An einer Stelle befand sich ein würdiger alter Mann, der etwas erhöht saß, auf der dicken Wurzel eines alten Baumes, der ihm Schatten spendete. Zu seinen Füßen saß ein junger Mann, der dem alten lauschte. ***Gotama*** wusste sofort, dass er Meister ***Āḷāra Kālāma*** gefunden hatte. Er blieb etwa dreißig Meter von den beiden entfernt stehen und wartete gesenkten Hauptes.

Schließlich stand der junge Mann auf, verbeugte sich mehrfach vor seinem Meister und ging seitwärts weg. ***Āḷāra Kālāma*** fixierte ***Gotama***, der sich ehrfürchtig näherte. Durch ein

Kopfnicken gab *Āḷāra Kālāma* dem *śramaṇera Gotama* zu verstehen, dass ihm eine Audienz gewährt war. *Gotama* machte Gesten der Verehrung, umschritt den *Guru* dreimal, indem er ihm die rechte Schulter zuwandte, und setzte sich dann seitwärts nieder. Er wartete, dass der *Guru* ihn ansprach. Dieser betrachtete *Gotama* eine Zeit lang, dann sagte er: „Du stammst aus der Adelskaste. Deine Familie möchte nicht, dass du den spirituellen Weg beschreitest. Du bist vor etwa einem Monat von der Familie in die Hauslosigkeit geflohen. In dieser Zeit musstest du lernen auf dem harten Boden zu schlafen, in der Wildnis zu überleben und Nahrung zu dir zu nehmen, von der du nie wusstest, dass es so etwas Elendiges gab. Du bist nicht reumütig zu deiner Familie zurückgekehrt, denn dein Entschluss, in die Hauslosigkeit zu gehen ist nicht Hals über Kopf gekommen, sondern ist in dir über lange Jahre gereift. Hast du bereits damals von mir gehört, oder erst seit dem du in der *Hauslosigkeit* lebst?"

Mit dieser Einleitung hatte der *Guru* klar gemacht, dass er entweder über Höheres Wissen oder über eine ausgezeichnete Menschenkenntnis verfügte, außerdem wollte er wissen, ob der junge *Gotama* ihn gezielt und geplant aufgesucht hatte, oder ob er eher zufällig von ihm gehört hatte.

Gotama berichtete ihm, wie er vor Jahren einem seiner Schüler begegnet sei, der ihn sehr beeindruckt habe, weswegen er sich entschlossen habe, bei ihm in die Lehre zu gehen. Dann erteilte *Āḷāra Kālāma Gotama* erste Lehren über die Meditation, die hier nicht wiedergegeben werden sollen.[8] Schließlich gab er seinem neuen Schüler einige kurze Anweisungen, wie er zu üben habe. Dann entließ er ihn mit der Aufforderung, ihm in

---

8   Einzelheiten über die Meditation, die zu bekämpfenden Hindernisse, wie man diese bekämpft und wie man daran arbeitet, die meditativen Vertiefungszustände zu erreichen finden sich u. a. in Band 6 dieser Buchreihe.

zwei Tagen Report über den Übungsverlauf zu geben und eventuell auftretende Fragen zu beantworten.

Gotama wusste, dass damit die Audienz beendet war. Er bedankte sich bei seinem Lehrer und zog sich dann unter Verbeugungen zurück. Dann suchte er eine abgelegene Stelle und begann mit seinen meditativen Übungen, so wie es *Āḷāra Kālāma* ihm aufgetragen hatte. Am Abend suchte er eine Gruppe von anderen Schülern auf, fragte ob er sich zu ihnen setzen durfte und erfuhr hier über den üblichen Trainingsablauf. Aus dem Prinzen war ein Meditationsschüler geworden.

Zwei Tage später – er hatte sich die ganze Zeit darauf gefreut – durfte er wieder zu seinem *Guru* zur Audienz. Nach den üblichen Höflichkeitsfloskeln erteilte er Report über seine Übungen und stellte gleich einen ganzen Strauß von Fragen zur Praxis, die von so großer Gelehrsamkeit zeugten, dass dem *Guru* sofort klar wurde, dass er hier nicht nur einen gebildeten, sondern einen ganz außergewöhnlichen Schüler habe. Nun konnte der Meister ihn mit anspruchsvolleren Meditationsaufgaben betrauen. Er erläuterte ihm, was die erste *meditative Vertiefung* ist, welche *Vertiefungsfaktoren* es dabei gäbe, und wie er *Hindernissen*, diese Vertiefung zu erreichen, begegnen könne.

War zu Beginn der Meister erstaunt über seinen gelehrigen Schüler, so war es nun an *Gotama*, mit freudiger Erregung festzustellen, dass der Meister zu ihm Vertrauen hatte, denn bei seinem Austausch mit anderen Meditationsschülern hatte er erfahren, dass *Āḷāra Kālāma* durchaus auch deutlich tadeln konnte, wenn seine Schüler nachlässig waren. Manche durften nur einmal wöchentlich zum Report, manche sogar nur einmal monatlich.

Es dauerte weniger als eine Woche, bis *Siddhārtha* die erste *meditative Vertiefung* erreichte, und bereits nach einem Monat beherrschte er alle *vier unkörperlichen Vertiefungen*. Damit war er weiter als die allermeisten anderen Schüler, auch solche, die schon seit einem Jahr oder noch länger da waren. Man musste aber auch zugestehen, dass es eine relativ starke Fluktuation in der Zusammensetzung der Schüler gab. Manche blieben nur einige Tage oder Wochen, viele ein paar Monate, und nur die aller Übungsbeflissensten konnten sich nach mehreren Monaten des täglichen vielstündigen Trainings, häufig auch erst nach Jahren, daran machen, auch die *vier unkörperlichen Vertiefungen* in Angriff zu nehmen.

Siddhãrtha Gotama entwickelte sich in den folgenden Wochen zum Musterschüler seines Meisters, und bereits nach wenigen Monaten hatte er nicht nur die erste *unkörperliche Vertiefung,* das *Raumunendlichkeitsgebiet* gemeistert, sondern auch die Vertiefung des *Bewusstseinsunendlichkeitsgebietes* und schließlich sogar die Vertiefung des *Nichtsheitsgebietes*.

Āḷāra Kālāma war stolz auf seinen Schüler, er sagte: „*Gotama*, du bist der beste Schüler, den ich je hatte, aber jetzt bist du kein Schüler mehr, du bist jetzt ein Meister. Ich kann dir nichts mehr beibringen, du bist mir ebenbürtig. Ich möchte dir daher anbieten, mit mir gemeinsam diese Meditationsschule zum Wohle der Schüler zu leiten. Ich bin alt und werde in einigen Jahren nicht mehr dazu in der Lage sein, du aber, Meister *Gotama,* bist in der Lage dieses Wissen weiterzugeben.“

Das war die größte Ehre, die *Āḷāra Kālāma* jemandem erweisen konnte, etwas, das er nie zuvor getan hatte und auch niemals danach wieder tat. *Gotama* fühlte sich geehrt, aber dennoch war er keineswegs restlos zufrieden, vielmehr sagte er: „Weiser *Āḷāra Kālāma*, ich bin zu Euch gekommen, um den Weg zur Todlosigkeit zu finden, den Ausweg aus dem Kreislauf von Geburt, Alter, Krankheit, Tod und Wiedergeburt. Ich bin hergekommen, um frei zu sein von den geringsten Anflügen von Verlangen, von Abneigung und von irrigen Projektionen. Wann immer ich in der Vertiefung des *Nichtsheitsgebietes* bin, hat all das keine Macht mehr über mich, sobald ich jedoch diese Meditation beende, sind die genannten Probleme wieder da. Meister *Kālāma*, ich bin Euch unendlich dankbar für das, was Ihr mir gelehrt habt. Und ich fühle mich durch das Angebot, das Ihr mir gemacht habt, Eure Meditationsschule mit Euch gemeinsam leiten zu dürfen, äußerst geehrt und geschmeichelt. Aber ich suche den Weg zu dem, was jenseits von Geburt und Wiedertod liegt. Das habe ich hier nicht gefunden. Meister, mein Weg ist noch nicht zu Ende, ich muss weiter."

Und mit Gesten der höchsten Verehrung für seinen früheren Lehrer zog sich *Gotama* zurück. Es war das, was *Āḷāra Kālāma* befürchtet hatte. Zum ersten Mal hatte er jemanden in seiner Schule, der ihm ebenbürtig war, der sein Lebenswerk würde fortsetzen können, jedoch verließ dieser ihn. Tränen liefen über das Gesicht des Meisters, in dessen Herzen jedoch eine Hoffnung keimte: es war zwar äußerst unwahrscheinlich, allerdings nicht ganz ausgeschlossen, dass dieser eifrige junge Mann eines Tages erreichte, wonach alle Welt suchte: den Ausweg aus dem Kreislauf aus Tod und Leben, dass er ein *Buddha* würde.

Siddhārtha wusste wohin er gehen musste. Er hatte vor vielen Jahren von *Āḷāra Kālāma* und *Uddaka Rāmaputta* gehört, den beiden einzigen Männern, die die Meditation des *Nichtsheitsgebietes* lehrten. Er wusste aber auch, dass *Uddaka Rāmaputta* etwas lehren könne, das als einzige bekannte Meditationsform darüber hinausging, das *Gebiet der Weder-Wahrnehmung-noch-Nichtwahrnehmung*. Also ging er zu *Uddaka Rāmaputta*, dessen Aufenthaltsort er während seiner Zeit in der Schule *Āḷāra Kālāmas* hatte in Erfahrung bringen können.

Uddaka Rāmaputta war sehr angetan von seinem neuen Schüler. Bei ihrer ersten Begegnung fragte *Siddhārtha* ihn:

„Meister **Uddaka Rāmaputta**, ich habe bei **Āḷāra Kālāma** studiert und meditiert. Inzwischen habe ich – wie er – in meiner Meditation das Nichtsheitsgebiet gemeistert. Von Euch habe ich gehört, dass Ihr – wie bereits Euer Vater Rāma – das Gebiet der Weder-Wahrnehmung-noch-Nichtwahrnehmung lehrt, dass ich auch verwirklichen möchte, ich denke Ihr seid der einzig Lebende in diesem Teil der Welt, der das beherrscht."

Das, was **Uddaka Rāmaputta** ihm dann sagte, ließ **Siddhārtha** etwas skeptischer werden, denn er antwortete: „Verehrter Herr **Gotama**, es ist in der Tat so dass außer **Āḷāra Kālāma**, mir und jetzt auch Euch keiner in diesem Teil der Welt, das **Nichtsheitsgebiet** verwirklicht hat. Und mein Vater, der große *Rāma*, die Götter seien seiner gnädig, hat auch noch das Gebiet der Weder-Wahrnehmung-noch-Nichtwahrnehmung gemeistert und gelehrt. So wie er es gelehrt hat, mit den selben Worten und Übungsanweisungen, lehre auch ich es. Leider ist es mir bislang nicht gelungen, dies in der Meditation zu verwirklichen. Ich kann Euch aber versichern, Euch all das weiterzugeben, was ich von meinem Vater gelernt habe. Vielleicht ist es Euch möglich, zu erreichen, was mir bislang nicht vergönnt war."

Das war jetzt nicht ganz das, was **Gotama** sich erhofft hatte. Er versprach fleißig zu üben, nahm sich allerdings vor, spätestens in einem halben Jahr weiterzuziehen, falls die Anweisungen seines neuen Gurus nicht dazu geeignet waren, ihm die Meisterung dieses Gebietes der Meditation, der höchsten **unkörperlichen Vertiefung,** zu erschließen. Und **Gotama** übte ebenso fleißig und zielstrebig wie zuvor bei **Āḷāra Kālāma.** So konnte er sein Ziel, das Gebiet der Weder-Wahrnehmung-noch-Nichtwahrnehmung, bereits nach drei Monaten erreichen, und als er seine Erfahrungen seinem *Guru* berichtete, freute dieser sich: „Herrlich, **Siddhārtha Gotama**, wunderbar! Genauso wie Ihr es beschreibt, haargenauso hat es auch mein Vater beschrieben. Ihr seid wie Er! Wunderbar ist das, helft mir, das auch zu erreichen. Ich will Euer Schüler sein. Bitte übernehmt diese Schule zum Wohle der Menschen, seid Schulleiter statt meiner und ich will, wie die anderen Schüler, Euer Schüler sein!"

Siddhãrtha antwortete: „Weiser *Uddaka Rãmaputta*, ich bin zu Euch gekommen, um den Weg zur Todlosigkeit zu finden, den Ausweg aus dem Kreislauf von Geburt, Alter, Krankheit, Tod und Wiedergeburt. Ich bin hergekommen um frei zu sein von den geringsten Anflügen von Verlangen, von Abneigung und von irrigen Projektionen. Wann immer ich in der Vertiefung des *Gebietes der Weder-Wahrnehmung-noch-Nichtwahrnehmung* bin, hat all das keine Macht mehr über mich, sobald ich jedoch diese Meditation beende, sind die genannten Probleme wieder da. Meister *Uddaka*, ich bin Euch unendlich dankbar für das, was Ihr mir gelehrt habt. Und ich fühle mich durch das Angebot, das ihr mir gemacht habt, Eure Meditationsschule zu übernehmen und leiten zu dürfen, äußerst geehrt und geschmeichelt. Aber ich suche den Weg zu dem, was jenseits von Geburt und Wiedertod liegt. Das habe ich hier nicht gefunden. Meister, mein Weg ist noch nicht zu Ende, ich muss weiter."

Und mit Gesten der höchsten Verehrung für seinen früheren Lehrer zog sich *Siddhãrtha* zurück. Es war das, was *Uddaka Rãmaputta* befürchtet hatte. Tränen liefen über das Gesicht des Meisters, in dessen Herzen jedoch eine Hoffnung keimte: es war zwar äußerst unwahrscheinlich, allerdings nicht ganz ausgeschlossen, dass dieser eifrige junge Mann eines Tages erreichte, wonach alle Welt suchte: den Ausweg aus dem Kreislauf aus Tod und Leben, dass er ein *Buddha* würde.

Siddhãrtha aber zog weiter. Aus dem Lehrling war ein Meditationsmeister geworden. Seine Lehrjahren waren vorbei. Seine Wanderjahre begannen.

Gotamas Wanderjahre

Gotama war in die *Hauslosigkeit* gezogen, um etwas zu erreichen, das man in Indien „*Erleuchtung*" nennt, von dem es aber keine genaue Definition zu geben schien. Diese *Erleuchtung* sollte zum Ende des Kreislaufes von Geburt, Alter, Krankheit, Tod und Wiedergeburt führen. Ein Kreislauf, der keinen Sinn macht, wenn er einen nicht weiterbringt, auf eine höhere Stufe, wir würden heute sagen: auf eine höhere Evolutionsstufe.

Um ein solcher *Erleuchteter* zu werden ist ein großes Maß an Weisheit nötig, das war ihm klar. Seine nun fast 30jährige Lebenserfahrung hatte ihm gezeigt, dass diejenigen, die weise waren, immer Menschen mit Achtsamkeit und reicher Meditationserfahrung waren. Daher hatte er den Weg der Meditation beschritten. Er hatte dort das Höchste erreicht, was zu erreichen war, aber er hatte auch gemerkt, dass er dadurch keine *Erleuchtung* erreicht hatte. Meditation war wohl ein Baustein der *Erleuchtung*, aber nicht der einzige. Meditation war nach all seinen Erfahrungen eine notwendige Bedingung für Erleuchtung, allein jedoch keine hinreichende.

An diesen wenigen Sätzen erkennt man, dass *Gotama* ein Logiker war. Er betrachtete alles ganz genau, er ergründete alle Phänomene und suchte nach deren Ursachen. Alles, so wusste er inzwischen sicher, entsteht in Abhängigkeit von Bedingungen und es endet, wenn die Bedingungen, die zu seinem Entstehen führten, wegfielen. Etwas Weisheit erreicht man, indem man solche logischen Analysen anstellt, bei dem ein Ergebnis von unterstützenden Bedingungen abhängig gemacht wird, wobei es notwendig ist, die Dinge unvoreingenommen, unverblendet – wir würden heute vielleicht sagen: wissenschaftlich – zu untersuchen. Das Pali-Wort für Wissenschaft ist Dhamma, auf Sanskrit: *dharma*. Dieses *dharma* wollte er vollkommen verstehen und dann auch anderen Menschen weitergeben. Für dieses Bedingungs-Folge-Analyseverfahren verwendete er den Begriff **paticca-samuppada**, bedingtes Entstehen.

Weisheit, so wusste er, hat eine Wurzel in konsequenter Achtsamkeit und der Wissensklarheit, die durch Anwendung des Prinzips von **paticca-samuppada** erfolgt. Eine zweite Wurzel der Weisheit schien die Meditation zu sein. Mindestens eine weitere Bedingung müsste es noch geben, denn nur mit diesen beiden hatte er keine *Erleuchtung* erreicht. In der führenden indischen Religion, dem **Hinduismus**, gab es den Begriff *karma*, was „Handeln" heißt. Aufgrund von *karma* entsteht „*karma vipaka*" die Folgen des Handelns. So erzählten die **Brahmanen**, dass es gutes *karma* wäre, die **Brahmanen** geheime Rituale durchführen zu lassen, um die Götter zu besänftigen.

Gotama hatte ein Vierteljahrhundert diese Rituale betrachtet und auch ihre Ergebnisse. Seiner Meinung nach waren die Ergebnisse bescheiden, sie lagen nahe der Zufallswahrscheinlichkeit. Er glaubte auch herausgefunden zu haben, warum die **Brahmanen** trotzdem auf diesen Ritualen bestanden: es war ihr Geschäftsmodell. Sie wurden für diese Rituale doppelt bezahlt: mit Geld (oder Sachgütern) und mit Ansehen. Kein Wunder, dass sie dieses seit Jahrhunderten erfolgreiche Geschäftsmodell nicht aufgeben wollten. Und warum machten die Nicht-*Brahmanen* mit? Nun aus Angst vor einer schlechten Wiedergeburt, die die **Brahmanen** ihnen dafür androhten.

Es gab aber bei den *śramaṇeras* andere Überlegungen hinsichtlich des *karma*, nämlich *karma* als ethisches Prinzip. In seiner Zeit bei **Āḷāra Kālāma** und **Uddaka Rāmaputta** und auch jetzt, wo er als heimatloser Wanderer herumzog, hatte er sich hierzu mit vielen *śramaṇeras* darüber ausgetauscht, was denn ethisch richtiges Verhalten sei. Je mehr er darüber reflektierte, desto klarer wurde ihm, dass jedes egoistische Handeln, ja sogar egoistisches Denken, dazu führte, das Ego zu stärken, und dass andererseits der ganze Wiedergeburtskreislauf keinen Sinn machte, wenn es kein Ego gäbe, das wiedergeboren werden kann.

Nicht-egoistisches Handeln, altruistisches Handeln müsste demnach tendenziell Richtung Erleuchtung führen. „Geben ist seliger denn Nehmen", oder anders ausgedrückt: mitfühlendes Handeln schwächt das Ego. Wenn er sein Leben betrachtete, stellte **Gotama** fest, dass er weitestgehend ethisch richtig, egolos gehandelt habe. Oder gab es dabei einen versteckten Egoismus?

Ihm fiel ein, wie sehr er sich zu Beginn seiner Zeit in der **Hauslosigkeit** über das erbettelte Essen geekelt hatte, wie sehr er andererseits die Mahlzeiten in seinem Palast genossen hatte. Und nicht nur die Mahlzeiten, auch die Tänze, die Musik, die Mädchen. Das waren alles sinnliche Vergnügungen. Vergnügungen, die dem Ego Freude bereiteten, wovon es folglich mehr haben wollte.

Er hatte die höchsten Stufen der Meditation erst erreicht, als es für ihn kein leckeres Essen, keine Musik, keinen Wein, keinen Tanz, keine Gespielinnen mehr gab, als er als Asket lebte. Möglicherweise ist der Weg zur Erleuchtung einer, der auf Meditation, einer asketischen Ethik und der **dharmischen** Ergründung des **paṭiccasamuppāda** bestand.

Dafür sprach auch, dass es zu dieser Zeit – wie auch heute noch – in Indien unter den **śramaṇeras** die unterschiedlichsten asketischen Praktiken gab. Andererseits: warum sind die Asketen dann nicht alle erleuchtet? **Gotama** war aufgefallen, dass diese Asketen in ihrer Askese so etwas wie ein Allheilmittel sahen. Weder in der Schule des **Āḷāra Kālāma** noch in der des

Uddaka Rāmaputta waren strenge Asketen zu finden. Und Gespräche mit Asketen hatten ihm gezeigt, dass für diese Meditation eine eher untergeordnete Rolle spielte, keiner von denen war auch nur annähernd so weit gekommen wie er. Außerdem schienen sie nicht gerade Spezialisten des ***paṭicca-samuppāda*** zu sein.

Gotama stellte daher die Arbeitshypothese auf, dass drei Dinge für die Erleuchtung nötig sein könnten:

1. vollständiges Durchdringen des ***paṭiccasamuppāda*** durch scharfe, unvoreingenommene Beobachtung (Weisheit),
2. Meditation (am besten bis zum Gebiet der Weder-Wahrnehmung-noch-Nichtwahrnehmung)
3. Ethik, die die Überwindung des Ego durch strengste Askese erreicht.

Die Arbeitshypothese des Wissenschaftlers ***Gotama*** war aufgestellt und er sagte sich: Was zu beweisen ist!

Es sollte sieben lange, entbehrungsreiche, schmerzliche Jahre dauern, bis der Wanderer ***Gotama*** seine Arbeitshypothese als widerlegt ansehen musste und – geringfügig korrigiert – einen *Dreifachen Pfad* als zielführend entdecken konnte, im *Dreifachen Pfad* des Mittleren Weges bestehend aus

1. Ethik
2. Meditation
3. Weisheit

und zwar auf dem Mittleren Weg zwischen Völlerei und strengster Askese.

Doch sehen wir uns ***Gotamas*** Wanderjahre als Asket zunächst noch etwas genauer an, bevor wir dazu kommen, wie er schließlich Erleuchtung erlangt hat.

Jahre der Askese und vier Jünger

Es war keine normale Zeit, als *Gotama* zum Wanderasketen wurde. Es war eine Zeit des Aufbruchs und Umbruchs. Der renommierte Indologe und Religionswissenschaftler Schumann beschreibt diese Zeit so:

„Gegenüber dem mechanistischen `Brahmanismus´ war um 600 v. Chr. die erwähnte Unabhängigkeitsbewegung losgebrochen. Sie war keine Revolution, denn sie war friedlich und stieß nichts um. Sie war ein spiritueller Aufbruch, der die vedische Opfertheologie links liegenließ und die Wahrheit auf neuen Wegen suchte, Tausende von Menschen aller Kasten, vorwiegend Nicht-Brahmanen, brachen mit dem bürgerlichen Leben, verließen ihre Bambushütten und wurden Samaṇas: besitzlose, zölibatäre, sich allein durch ihre Ernsthaftigkeit legitimierende Bettelmönche, die in Spekulationen und Übungen außerhalb des orthodoxen Rahmens ihr Heil suchten. Der Samaṇa-Bewegung schloss Siddhatta sich an."[9]

Gotama hatte sich von den Lehren der *Upaniṣaden* abgewandt, ebenso hatte er sich vom Yoga abgewandt und auch die gängigen Meditationsmethoden hatten ihm nicht das gebracht, was er sich erhofft hatte, die Erleuchtung, das was einen aus dem leidvollen Rad der Geburten herausführt. Es gab aber noch etwas, das zu jener Zeit in der Aussteiger-Bewegung der *śramaṇeras* in unterschiedlichsten Varianten praktiziert wurde: Askese, teilweise verbunden mit Selbstkasteiung. Hatte er seine Jugend im Hause des *Rajas* in Luxus und mit Völlerei verbracht, so schien ihm diese radikale Alternative zur Wohlstandgesellschaft des indischen Adels ein möglicher Weg zur

---

9   Aus: Hans Wolfgang Schumann : „Buddhismus – Stifter, Schulen und Systeme", München 2016, Seite 18

Erleuchtung zu sein. Er ließ sich deshalb in der Nähe von *Uruvela*, einer Stadt im damaligen Lande *Maghada* (heute im indischen Bundesstaat Bihar) nieder. Hier gab es Bäche mit trinkbarem Wasser, einen Fluss, der zum Baden einlud sowie eine lockere Bewaldung. In den Bäumen lebten zahlreiche Fledermäuse und Fliegende Hunde sowie auch verschiedene Affenarten und wilde Gazellen. Menschen mieden den Wald wegen der Raubtiere und kamen höchstens her, wenn sie Brennholz brauchten, außerdem war der Wald als Wohnort von Geistern verrufen. Für **Gotama** aber schien dieser bei den Menschen verrufene Platz auch wegen der Gefahren attraktiv, sie sollten Teil der Selbstkasteiung sein, **Gotama** wollte sich seinen Ängsten stellen und sie besiegen. Bei Tag gelang ihm dies, er stellte jedoch fest, dass sie bei Nacht trotzdem auftraten. Aber er wich nicht aus: er stellte fest: dann ist das eben so und er lernte mit seinen Ängsten zu leben.[10]

Gotama probierte alle damals in Asketenkreisen empfohlenen Torturen und Selbstkasteiungen durch:

- er nahm keine ihm gebrachte Speise an

- beim Bettelgang akzeptierte er nur eine Handvoll Nahrung

- er ging eine Zeit lang nur alle sieben Tage auf Almosengang

- er versuchte sogar einige Zeit nur mit einem Reiskorn am Tag auszukommen

- er versuchte in einem Jahr nur mit wild Gewachsenem auszukommen

- und einige Zeit lang ernährte er sich auch nur von Kot

- er schor sein Haar nicht, sondern rupfte es aus

---

10 vgl. dazu den Abschnitt „Furcht und Schrecken" in Band 4 dieser Reihe („Ausgewählte Lehrreden des Buddha"), die Erzählung basiert auf MN 4.

- er verbot sich das Sitzen, er schlief auf einem Dornenlager

- er verbrachte die heißen indischen Sommer in der prallen Sonne

- er kampierte auf einem Leichenfeld, wo die armen Leute, die kein Holz für die Verbrennung der Toten hatten, ihre Leichen hinbrachten, damit wilde Tiere die Beseitigung erledigten

- er nahm keine Kleidung an, sondern nahm nur die Leichentücher, die er auf dem Leichenfeld fand, als Kleidung

- eine Zeit lang lief er nackt herum

- er biss die Zähne zusammen, und presste die Zunge an den Gaumen, bis ihm der Schweiß ausbrach

- er übte sich darin, den Atem möglichst lange anzuhalten, was jedoch nur zu Ohrensausen, Kopfschmerzen und anderen Beschwerden führte

- dort, wo Gassenkinder waren, setzte er sich nieder und ließ die Schmähungen der Kinder über sich ergehen, die ihn mit Gegenständen und Kot bewarfen.

All das erscheint uns heute absurd, aber damals wurde es in Asketenkreisen so propagiert, wie in unserer Zeit der Völlerei und des Überflusses tausende Diäten angeboten werden.[11]

Diese Maßnahmen wurden von den zahlreichen *śramaṇeras* auf Indiens Straßen empfohlen und **Gotama** probierte sie nicht nur aus, er ging dabei weiter als irgend ein anderer dieser Asketen, denn er wollte das erreichen, was diesen nicht gelungen war zu erreichen. So blieb es nicht aus, dass er sowohl unter der Bevölkerung als auch in Asketenkreisen Bewunderer hatte: „Wenn einer von uns *śramaṇeras* Erleuchtung erreichen

---

11 Die Mutter meiner Kinder hat mir früher empfohlen ein Buch zu schreiben mit dem Titel: „1000 Diäten, die ich ausprobierte und die alle nicht zum Erfolg führten".

sollte, dann *Gotama.*" Aber er hatte nicht nur Bewunderer, sondern inzwischen folgten ihm fünf Jünger, die alle aus der Brahmanenkaste stammten, einer von ihnen, Koṇḍañña, war sogar einer der Brahmanen, die Jahrzehnte zuvor an *Siddhārtha Gotama* die damals in Indien übliche Namensgebungszeremonie durchgeführt hatten.

Gotama selbst schildert seine Situation am Ende seiner strengen Askese so[12]: *„Während ich das tat, erreichte mein Körper den Zustand äußerster Auszehrung. Weil ich so wenig aß, wurden meine Glieder wie durch Knoten unterteilte Weinreben oder Bambusrohre. Weil ich so wenig aß, wurde mein Gesäß wie ein Kamelhuf. Weil ich so wenig aß, standen meine Wirbelfortsätze hervor wie aufgereihte Perlen. Weil ich so wenig aß, ragten meine Rippen heraus, so hager wie die baufälligen Dachsparren einer alten, ungedeckten Scheune. Weil ich so wenig aß, sank der Glanz meiner Augen tief in die Augenhöhlen zurück und sah aus, wie der Glanz des Wasserspiegels, der in einem tiefen Brunnen tief abgesunken ist. Weil ich so wenig aß, verschrumpelte und verdorrte meine Kopfhaut, so wie ein grüner Bitterkürbis in Wind und Sonne verschrumpelt und verdorrt. Weil ich so wenig aß, lag meine Bauchdecke auf meinem Rückgrat auf; daher fühlte ich mein Rückgrat, wenn ich meine Bauchdecke berührte und fühlte meine Bauchdecke, wenn ich mein Rückgrat berührte. Weil ich so wenig aß, stürzte ich beim Urinieren oder beim Stuhlgang auf das Gesicht. Weil ich so wenig aß, fiel mir das an den Wurzeln verfaulte Haar aus, wenn ich versuchte, meinem Körper Erleichterung zu verschaffen, indem ich meine Glieder mit den Händen massierte."*

Zum Schluss war *Gotama* so schwach, dass er umfiel, als er zum Fluss wollte, um daraus zu trinken. Er konnte sich nicht mehr auf den Beinen halten. Später erzählte er, welche Einsicht er da hatte, ob es sich dabei um eine wahre Begebenheit handelt

---

12 In M36,28 (Übersetzung Mettiko Bhikkhu)

oder um einen Mythos, ist nicht ganz klar, aber ist letztlich auch egal.

Der Buddha erzählte später, wie er so geschwächt dalag und auf den Fluss *Suppatthita* zu kroch, um daraus zu trinken, seien in einem Boot ein Vater mit seinem Sohn vorbei gefahren. Offensichtlich unterrichtete der Vater den Sohn im Lautenspiel. Er vernahm diese Worte des Vaters: „Mein Sohn zuerst musst du die Saiten des Instrumentes spannen, dazu dienen diese kleinen Stifte, die du drehen musst, denn wenn die Saiten so locker sind, dann gibt das keinen oder nur einen sehr kläglichen, unschönen Ton. Spanne sie also etwas mehr an. - Halt, nein, stopp! Doch nicht so stark! Wenn du sie zu stark anspannst werden sie reißen. Du musst die Mitte zwischen zu locker und zu straff finden. Es ist wie bei allem, der mittlere Weg zwischen zwei Extremen ist die angemessene Lösung."

Als **Gotama** das hörte, musste er – trotz seiner misslichen Lage lachen: „Da suche ich mein Leben lang den richtigen Pfad. Als junger Mann lebte ich im Palast im Luxus und in Völlerei. Dann ging ich in die Hauslosigkeit und übte die strengste denkbare Askese, kasteite meinen Körper. Dabei ist es so einfach, wie es ein kluger Vater seinem kleinen Sohn beibringt: „Der *Mittlere Weg* zwischen den Extremen ist der richtige." Von nun an entwickelte der Buddha die Erkenntnis vom *Mittleren Weg* weiter.

Das was für einen Lautenspieler gilt, gilt auch für die Ernährung, aber nicht nur dort. Zum Kern von Buddhas Lehre über der Daseinskreislauf wurde ebenso der Mittlere Weg. Er erkannte: die da sagen nach dem Tod wirst du wiedergeboren, sind im Irrtum. Er erkannte auch, die klassische Aussage des Hinduismus von der Seelenwanderung, die da besagt: „Nach dem Tod wirst du wiedergeboren", ist genau so falsch, denn du (als Individuum) bist nicht nur der Erbe früheren Karmas, sondern bist auch durch deine biologischen Erbanlagen bedingt und durch deine Sozialisation. Das mündete später in die

Kernaussage der buddhistischen Wiedergeburtslehre: „Es gibt Wiedergeburt, aber niemanden der wiedergeboren wird.“

Doch jetzt schweifen wir ab. Zurück zu **Gotama** am Fluss. Er hatte schließlich vom Wasser getrunken und sich dann unter einen großen Baum geschleppt, an dessen Fuße er jetzt saß. Aber er war zu schwach, um in ein Dorf oder eine Stadt zu gehen, und dort um Almosen zu betteln. Doch dann geschah das Wunderbare.

Sujātā, der Name bedeutet „die von Natur aus Gute“ oder „die Spirituelle“ war eine junge Frau, deren Kinderwunsch bislang nicht erfüllt wurde, daher wollte sie – so hatte es ihr ein Brahmane geraten, einem Baumgeist, der in einem großen alten Baum wohnte – ein Opfermahl bringen. Also hatte sie einen leckeren Pudding auf Basis von Milch, Reis und Honig gekocht, mit dem sie sich in den Wald begab; allerdings hatte sie auch ein wenig Angst vor dem Baumgeist, denn Geister sind mächtig und mit ihnen ist nicht zu spaßen. Als sie sich dem Baum näherte, sah sie darunter einen zerlumptem ausgezehrten Mann sitzen. „Bist du der Baumgeist? Ich habe einen leckeren Pudding für dich. Du wirst ihn brauchen, denn du siehst hungrig aus. Ich wollte ihn dir bringen, denn ich habe bislang kein Kind bekommen, obwohl mein Mann und ich mir es wünschen.“

Gotama sah die junge Frau vor sich. Er kannte das Karmagesetz. Er hatte sich sehr bemüht und heute wurde ihm eine Lehre erteilt, worauf er solange gewartet hatte, er hatte den *Mittleren Weg* gefunden. Er war aber zu schwach um wegzugehen. Er hatte sich bemüht, hatte absichtlich gehandelt, um Erkenntnis zu erlangen, nun wurde ihm erst das Boot mit dem Lautenspieler gesendet und nun die Milchmaid.

„Danke, das ist sehr lieb von dir“, sagte **Siddhārtha**, damit hast du dir gutes Karma gemacht – und das hat Folgen.“

„Meinst du damit, mächtiger Geist, dass ich jetzt schwanger werde?“ - **Gotama** sagte nichts, er sah Sujātā nur ruhig an.

Ihr kam eine Idee: „Ihr seht mächtig hungrig aus, Baumgeist. Ich könnte in den nächsten Tagen immer mal wieder vorbei kommen und euch von diesem Milchreis bringen.“

„Ja, das ist eine gute Idee. Das wird dafür sorgen, dass deine und meine Wünsche erfüllt werden. So machst du dir gutes Karma – und gutes Karma führt zu *karma vipāka,* zu Früchten unseres Handelns. Gesegnet seist du – und die Frucht deines Leibes.“

So kam **Gotama** allmählich wieder zu Kräften. Das Ereignis führte allerdings dazu, dass sich seine fünf Jünger, die Asketen die mit ihm – wenn auch weniger streng – gefastet hatten, sich von ihm abwandten: **Gotama** hatte eine ganze Schale Milchreis zu sich genommen, er schien zu einem Leben in Üppigkeit zurückgekehrt zu sein! Sie, die erwartet hatten, dass **Gotama** durch Askese zur **Erleuchtung** komme und ihnen dann dabei helfen konnte, dieses höchste Ziel zu erreichen, waren maßlos enttäuscht. Unter lautem Schimpfen zogen sie sich von **Gotama** zurück. Sie sahen sich vor **Buddhas Erwachen** nicht wieder.

Das scheint zunächst negativ zu sein, doch dadurch wurde **Gotama** in die Lage versetzt, in Ruhe – in einem **Retreat** – über den Mittleren Weg nachzudenken. Völlerei und Askese waren nicht der Mittlere Weg, was die Ernährung betrifft. Wie war es mit der Meditation? Das Leben im Luxus mit Wein und Frauen statt mit Meditation und innerer Einkehr war ein Extrem, die höchsten Meditationspraktiken, die sog. **arūpa jhānas,** die er bei **Āḷāra Kālāma** und **Uddaka Rāmaputta** erlernt hatten, hatten ihn allerdings auch nicht zum **Erwachen** gebracht. Könnte es auch hier so etwas wie den Mittleren Weg geben?

Siddhārtha erinnerte sich an ein Erlebnis aus seiner Kindheit, als er in spielerischer Leichtigkeit in meditative Vertiefung, in richtiges **jhāna** kam, und tiefe Einsichten in das Leben hatte, damals als er unter dem Rosenapfelbaum saß.

Buddhas Erleuchtung – Mythos und Wirklichkeit

Mythos

Was Erleuchtung ist, darüber besteht zwischen den Religionen keine Einigkeit. Im Buddhismus wird das als Erwachen[13] bezeichnet, was der Buddha in jener Vollmondnacht im Mai vor mehr als 2500 Jahren erreicht hat, nämlich Vollkommene Einsicht, insbesondere in die drei Wesensmerkmale alles abhängig Entstandenen, nämlich:

- *dukkha* – die Tatsache, dass die Dinge nicht letztendlich zufriedenstellend sind,
- *anicca* – Vergänglichkeit und
- *anattā* – Wesenlosigkeit.

Diese Einsicht erfolgt nicht nur auf intellektueller Ebene, sondern auf einer Weisheitsebene, die den Erleuchteten vollständig verändert, die ihn völlig durchdringt, die dazu führt, dass sein oder ihr ganzes Denken, Reden und Handeln Ausdruck dieser Wahrheit ist. Das ist der Kern von *Erwachen*.

In einer solch nüchternen Beschreibung klingt dieses ungeheuerliche Ereignis banal, wir werden uns seiner Tragweite dann nicht wirklich bewusst.

Daher haben alle Religionen Mythen, die ihre zentralen Botschaften überhöhen. Nehmen wir die Religion des

---

13 Im Buddhismus verwenden wir besser den Begriff „Erwachen". Während unter „Erleuchtung" jeder etwas anderes verstehen kann, beschreibt „Erwachen" das spezifisch Buddhistische, die Tatsache, dass die erwachte Person die drei Wesensmerkmale *dukkha, anicca* und *anattā* völlig verwirklicht hat.

Christentums, da kennen vermutlich alle von uns vier große Mythen:

- den Schöpfungsmythos, die Sache mit Adam und Eva,
- den Sintflutmythos,
- den Geburtsmythos Jesu', die Weihnachtsgeschichte
- und den Mythos von der Kreuzigung und Auferstehung des Heilands .

Das sind schöne Mythen. Das ist große Literatur, das gilt es neidlos anzuerkennen. Das Problem beginnt allerdings dann, wenn uns jemand erzählen will, das sei ein genauer Tatsachenbericht. Das müsse alles wörtlich genommen werden. Die Bibel sei schließlich das authentische Wort Gottes. Der Glaube daran ist Christenpflicht! So verwandelt man Mythen in Dogmata. So wird aus etwas, was die Menschen inspirieren kann, etwas, weswegen man Menschen verfolgen kann. Glücklicherweise sind die großen christlichen Glaubensgemeinschaften in Deutschland von dieser Auffassung abgekommen.

Es gibt jedoch evangelikale Christen, die noch immer dieser mittelalterlichen Auffassung anhängen, und es gibt auch einzelne Christen – ich weiß nicht wie viele – die immer noch dieser vorkritischen Auffassung anhängen. Ein besonders erschreckendes Beispiel ist Roland Kochs frühere hessische Kultusministerin Karin Wolf, die allen Ernstes noch im 21. Jahrhundert (2007) die Vorschrift erlassen hat, im Biologieunterricht (!) müsste neben der Evolutionstheorie auch die Schöpfungsgeschichte gelehrt werden, damit kein Widerspruch zwischen den Fächern Religion und Biologie bestünde. Zum Glück ist die Theologie, wie sie an deutschen Universitäten gelehrt wird, heutzutage eine wirkliche Wissenschaft und weiß zwischen historischen Tatsachen und Mythen zu unterscheiden.

Auch im Buddhismus gibt es Mythen. Die beiden bekanntesten sind:

- der Mythos von den Vier Ausfahrten und
- der Mythos von der Nacht des *Erwachens*.

Auch das sind schöne Mythen. Auch das ist große Literatur. Und sie haben sogar noch eine Besonderheit: sie sind augenscheinlich vom Buddha selbst erzählt worden. Der Buddha war ein großer Kommunikator. Er kommunizierte den Dharma auf verschiedene Weise:

1. durch scharfsinnige Analysen ,
2. durch praktisches Handeln,
3. durch Schweigen,
4. durch Gedichte, er sprach tatsächlich manchmal in Versen,
5. durch Mythen und Symbole.

Dass der Buddha auf so unterschiedliche Weise zu kommunizieren in der Lage war, erwähne ich jetzt nur wegen des letzten Punktes, genauer wegen der Mythen. Oder um ganz genau zu sein wegen eines Mythos, des Mythos vom *Erwachen*. Ich möchte diesen Mythos hier erzählen und ich möchte ihn untersuchen im Lichte der Psychologie von Carl Gustav Jung. Und ich[14] will vor allem klar machen, dass wir eines nicht machen sollen, nicht machen dürfen: Mythen mit historischen Ereignissen verwechseln, wunderbare Literatur zu Dogmen verkommen lassen. Denn genau das tun leider auch manche BuddhistInnen.

Hier also der Mythos von der Erleuchtung des Buddha, wie dieser ihn selbst darlegte. In diesem Mythos hatte *Gotama*, denn ein Buddha war *Siddhartha Gotama* damals noch nicht, als er in Meditationshaltung unter dem Baum des *Erwachens* saß, genau vier Begegnungen.

---

14 Ich beziehe mich in diesem Abschnitt im Wesentlichen auf Darlegungen meines Lehrers *Sangharakshita*.

1. Begegnung: Māra

Der Auftritt Maras (des Bösen), wir können ihn in etwa mit dem Satan (auch eine mythologische Figur!) des Christentums vergleichen. Māra gefiel natürlich nicht, dass *Gotama*, sich anschickte, die Erleuchtung zu erreichen. Also schickte Māra seine Heerscharen, üble Dämonenhorden, ekelerregende, grässliche Gestalten, ins Feld. Dies wird in der buddhistischen Kunst sehr plastisch dargestellt: sie sind teils Mensch, teils Tier, mit grausigen Fratzen und fletschenden Zähnen. Manche sind mit Knüppeln bewaffnet, andere schwingen Messer oder Schwerter; sie werfen Steine, schleudern Speere und schießen Pfeile in Richtung des meditierenden *Gotama*. Doch alle diese Waffen erreichen *Gotama* nicht. Sobald die Geschosse die Aura erreichen, die *Gotama* umgibt, verwandeln sie sich in duftende Blüten, die auf den Meditierenden herabregnen. *Gotama* aber verweilte mit ruhigem Lächeln in Meditation.

Daraufhin beschloss Māra eine andere Taktik anzuwenden, und er schickte seine wunderschönen Töchter – ihre Namen sind „Genuss", „Lust" und „Leidenschaft" – und sie tanzen mit all ihrer Verführungskunst nackt vor *Gotama*, der sie jedoch völlig stoisch ignoriert.

Betrachten wir uns diesen ersten Teil des Mythos, in dem als Widersacher Māra auftritt im Lichte der modernen Psychologie. C. G. Jung spricht von Archetypen, und er benennt vier solche Archetypen, der erste Archetyp ist der „Schatten", das ist (Zitat Wikipedia, April 2023) der „dunklen Doppelgänger, der die verdrängte Seite der Persönlichkeit symbolisiert". Und was finden wir in dieser dunklen Seite der Persönlichkeit? Es sind Hass und Begierde! Dementsprechende befiehlt dieser Schatten, die negative Seite der Person, über die angreifenden Dämonen, das Symbol des Hasses, und über die drei Frauen „Genuss, Lust und Leidenschaft" als Symbole für Gier, für Verlangen, zu instrumentalisieren. Wir sehen also, wie im noch unerleuchteten Gotama der Schatten versucht Macht über die Person zu bekommen, wie Abneigung und sexuelles Verlangen versuchen Einfluss zu nehmen. Beide, Verlangen und Abneigung sind auch die ersten beiden Meditationshindernisse. Doch *Gotama* weiß mit diesen Hindernissen umzugehen. Er übt die *metta bhāvanā*, und dadurch wird alle Abneigung, aller Hass, alle Wut in *metta* verwandelt, daher verwandeln sich die Geschosse der Dämonen in wunderschöne Blüten, eine ausgezeichnete bildnerische, mythologische Darstellung des Erfolgs der *metta bhāvanā*. Und die auftretenden Tendenzen nach Lust und Leidenschaft? Nun Gotama nimmt sie weder begierig auf noch bekämpft er sie aktiv. Denn wie jeder psychologisch Geschulte weiß: was wir bekämpfen, das verstärken wir. Gotama ignoriert sie einfach. Und so bekommt *Māra*, bekommt der Schatten, keine Macht über ihn.

Und wenn wir uns den Mythos von der Erleuchtung, den uns der Buddha selbst erzählt hat, weiter anhören, dann werden wir feststellen, dass da noch drei weitere Figuren auftreten. Und wir werden feststellen, dass es in der Tat die drei anderen Archetypen sind, die C. G. Jung benennt. Sie tauchen sogar in der gleichen Reihenfolge auf wie bei Jung.

Daraus schließe ich, dass entweder der Buddha die 2500 Jahre später erschienenen Schriften Jungs gelesen haben muss (was zugegebenermaßen ziemlich unwahrscheinlich ist), oder dass Jung den Mythos von der Erleuchtung kannte und diesen zur Grundlage seiner zentralen Lehre von den Archetypen machte. Oder aber als dritte Möglichkeit, dass sowohl der Buddha als auch Jung ganz hervorragende Psychologen waren, die aufgrund analytischer Kenntnis des menschlichen Geistes zu den gleichen Ergebnissen kamen, obgleich beide aus völlig anderen Epochen und Kulturen stammen. Sehen wir uns nunmehr also die drei anderen Archetypen C. G. Jungs an, nämlich:

- die „Anima", also die weiblichen Anteile des eigenen (in diesem Fall: männlichen) Selbst
- der „weise Alte" und
- das „ideale Selbst" bzw. der „jugendliche Held"

und hören wir, wie diese vom Buddha in seinem Erleuchtungsmythos dargestellt werden.

2. Begegnung: Die Erdgöttin

In dem Mythos von der Erleuchtung gibt sich Māra noch nicht geschlagen. Er weiß, dass es neben Verlangen und Abneigung noch ein drittes Meditationshindernis gibt: *vicikicchā*, das man mit skeptischem Zweifel, Unentschlossenheit, die Unwilligkeit sich festzulegen oder Mutlosigkeit umschreiben kann. Und Māra – respektive der Schatten – fordert Gotama heraus indem er sagt: „Was bildest Du Dir eigentlich ein, dass Du glaubst, Du könntest hier und jetzt erleuchtet werden? Du, ein ganz gewöhnlicher Mensch. Weißt Du denn nicht, dass dazu eine ganz breite Basis an Ethik, an Tugendhaftigkeit über viele Leben hinweg nötig ist?" Gotama antwortet ihm: "In meinen bisherigen Leben habe ich alle *pāramitās*, alle Vollkommenheiten, geübt: die Vollkommenheit des Gebens, die Vollkommenheit der Moral, die Vollkommenheit der Geduld, die Vollkommenheit der Energie, die Vollkommenheit der Meditation und die Vollkommenheit der Weisheit. Ich bin so weit, Erleuchtung zu erlangen."

Doch damit gibt sich Māra – also der Schatten, der innere Zweifler – nicht zufrieden, er spielt den Anwalt, der sich mit diesen angeblichen Erinnerungen an frühere Leben nicht zufrieden geben will und verlangt: „Bringe einen glaubwürdigen Zeugen bei, der all das bezeugen kann." Er ist sich sicher, dass kein Augenzeuge auftreten kann, der dies für all die vergangenen Jahrhunderte bezeugen kann.

Und dann geschieht etwas, was wir an vielen Buddha-Figuren sehen können, an allen Figuren, bei denen der Buddha mit der rechten Hand den Boden berührt, die sog. *bhūmi-sparśa-mudrā*, die Erdberührungsgeste.

Der Buddha berührt also die Erde und aus dieser erhebt sich – genau wie Mutter *Erda* in Wagners Ring der Nibelungen – die Erdgöttin und kein geringerer als unserer aller Mutter, der Planet *Gaia* legt Zeugnis ab: „Die ganze Zeit über bin ich hier gewesen. Mögen die Menschen kommen und gehen, die Erde bleibt immer bestehen. Ich habe alle seine früheren Leben gesehen. Hunderttausende seiner Leben habe ich gesehen und in allen hat er die Vollkommenheiten geübt. Dieser ist würdig, ein Buddha zu sein."

C. G. Jungs Archetyp der *Anima* verkörpert die weiblichen Aspekte eines Mannes. (Wäre der Buddha eine Frau, dann wären natürlich seine männlichen Aspekte durch einen Animus verkörpert worden.) Und welche andere Frau wäre wohl in der Lage die weiblichen, die mütterlichen Aspekte eines Voll-kommenen zu verkörpern, wenn nicht unser aller Mutter, unser Planet, Gaia, die Trägerin der Evolution.

3. Der weise Alte

Wenn wir nun zum dritten Archetypen, dem weisen Alten kommen und uns fragen, welcher würdig wäre diese Aspekte des Buddha zu verkörpern, hättet ihr eine Idee? Schauen wir mal.

Nachdem also alle Hindernisse, Verlangen, Abneigung und skeptischer Zweifel, überwunden waren, wurde Gotama, zum Buddha, zum *Erwachten*, zum einem Erleuchteten. Aber er stellte fest, dass das, was er erfahren hatte, doch sehr schwierig, sehr komplex, ungemein tiefgründig war, und – so der Mythos – er fragte sich: "Diese Wahrheit, diese höchste

Realität, die ich entdeckt habe, ist so abstrakt, so schwierig zu erkennen, so erhaben, dass gewöhnliche Menschen, deren Augen vom Staub der Unwissenheit und der Leidenschaft bedeckt sind, sie nicht sehen und wertschätzen können. Deswegen ist es möglicherweise besser zu schweigen und nicht in die Welt hinauszugehen, um zu predigen."

Und nun erscheint natürlich der Archetyp des weisen Alten in Gestalt von keinem geringeren als *Brahma Sahampati*, der im Glauben der Hindus den Schöpfergott verkörpert. Und der erhabene Gott **Brahma**, trat ehrfürchtig und mit gefalteten Händen vor den **Buddha** und sprach: "Bitte predige, verkünde die Wahrheit – es gibt Wesen, deren Augen mit nur wenig Staub bedeckt sind. Sie werden sie wertschätzen und ihr folgen."

Mit seinem Weisheitsauge blickte der **Buddha** nunmehr weit in das Universum. Er sah alle Wesen als Lotosblumen in verschiedenen Entwicklungsstadien in einem Teich. Lotussamen, die noch ganz unten im Schlamm waren, Lotusknospen, die ins klare Wasser emporragten und solche, die sich vom Licht der Sonne angezogen über die Wasserfläche erhoben. Und er sagte: "Um derer willen, deren Augen mit nur wenig Staub bedeckt sind, die wie halb erblühte Lotosblumen sind, werde ich den Dharma predigen, auf dass er ihnen, der Sonne gleich, zum Aufblühen verhilft."

4. Die Sache mit der Schlange

Der Buddha saß noch sieben Wochen, eine heilige Zahl, wie es sich für einen Mythos gehört, unter dem Baum der Erleuchtung. Also von Mai bis Mitte Juli, dem Beginn der Regenzeit. Dann kommt aus dem Unterholz eine Riesenschlange, der Schlangenkönig Mutschalinda. Er windet sich sieben Mal – wieder die sieben – um den Buddha und schirmt ihn mit seinen sieben (!) Köpfen vor dem Regen ab, auch eine häufig bildnerisch dargestellte Episode.

Schließlich legt sich der Regen, die Schlange zieht sich etwas vom Buddha zurück und häutet sich: hervor tritt ein wunderschöner sechzehnjähriger Jüngling, Mutschalinda, der vierte von Jungs Archetypen: das ideale Selbst oder der jugendliche Held.

Natürlich haben wir im Regen den alten Taufritus, wir haben die Schlange, die sich häutet und sich somit transformiert als Symbol für den Neuen Menschen, den Vollkommenen, als Symbol für die Transformation des unvollkommenen Menschen in einen *Buddha*. Eine Schlange taucht auch in einem anderen Mythos auf, der Geschichte von Adam und Eva, sie symbolisiert Sünde, und auch im Buddhismus symbolisiert die Schlange Hass. Doch diese Schlange hier hat *metta* geübt, sie hat den Buddha beschützt, daher ist es nicht wie im Christentum, dass ihr ewige Verdammnis droht, sondern sie kann sich aufgrund ihrer Taten transformieren, sie wird somit das Symbol des idealen Selbst, des Helden, Mutschalinda steht für die Transformation zur Buddhaschaft.

Die Schlange verkörpert auch das, was im tantrischen Buddhismus „das Feurige" genannt wird und bei den Hindus Kundalini- oder Schlangenenergie. Beides verkörpert in den sieben Cakren oder Kraftzentren, die sieben psychischen Zentren, aus denen die Kundalini-Energie, die Schlangenenergie, aufsteigt.

Die Verkörperung dieser unbewussten Energien, Mutschalinda, verneigt sich vor dem *Buddha*, das bedeutet: alle Kräfte des Unbewussten ordnen sich dem erleuchteten Geist unter. Vollkommene Integration, vollkommene Harmonie.

Der vollkommene Körper Mutschalindas symbolisiert die vollkommene geistige Einheit. Die Archetypen haben ihren Zweck erfüllt. Sie waren auf der Ebene des Menschen unsere ständigen Begleiter. Dieser aber, Gotama von *Śākya*, war jetzt kein Mensch mehr, sondern hatte die nächste Evolutionsstufe erklommen, er war zum **Buddha** geworden.

Dieser Mythos ist die vollkommene mythologisch-psychologische Umschreibung eines sehr, sehr hohen spirituellen Prozesses. Und vermutlich konnte auch nur ein Erleuchteter in der Lage sein, diese dichterische Meisterleistung zu vollbringen, einen solchen Mythos zu erzählen.

Wirklichkeit

Neben dieser mythischen Schilderung des Erleuchtungserlebnisses hat der Buddha in Lehrgesprächen mit dem Mönchen sehr häufig das beschrieben, was in jener Vollmondnacht im Mai, die heute als *Vesākha* bezeichnet wird und als höchster buddhistischer Feiertag gilt, geschah.

Zunächst erläutert er die meditative Vorbereitung, die er aufgrund der ersten vier meditativen Vertiefungen erreichte[15]:

34. "Als ich nun feste Nahrung gegessen und meine Stärke wiedererlangt hatte, da trat ich ganz abgeschieden von Sinnesvergnügen, abgeschieden von unheilsamen Geisteszuständen, in die <u>erste Vertiefung</u> ein, die von anfänglicher und anhaltender Hinwendung des Geistes begleitet ist, und verweilte darin, mit Verzückung und Glückseligkeit, die aus der Abgeschiedenheit entstanden sind. Aber jenes angenehme Gefühl, das in mir erschien, drang nicht in meinen Geist ein und blieb nicht dort ."

35. "Mit der Stillung der anfänglichen und anhaltenden Hinwendung des Geistes trat ich in die <u>zweite Vertiefung</u> ein, die innere Beruhigung und Einheit des Herzens ohne anfängliche und anhaltende Hinwendung des Geistes enthält, und verweilte darin, mit Verzückung und Glückseligkeit, die aus der Konzentration entstanden sind. Aber jenes angenehme Gefühl,

---

15 In M36,34-37 (Übersetzung Mettiko Bhikkhu)

das in mir erschien, drang nicht in meinen Geist ein und blieb nicht dort."

36. "Mit dem Verblassen der Verzückung, in Gleichmut verweilend, achtsam und wissensklar, voll körperlich erlebter Glückseligkeit, trat ich in die <u>dritte Vertiefung</u> ein, von der die Edlen sagen: 'Glückselig verweilt derjenige, der voll Gleichmut und Achtsamkeit ist', und verweilte darin. Aber jenes angenehme Gefühl, das in mir erschien, drang nicht in meinen Geist ein und blieb nicht dort."

37. "Mit dem Überwinden von Glück und Schmerz und dem schon früheren Verschwinden von Freude und Trauer, trat ich in die <u>vierte Vertiefung</u> ein, die aufgrund von Gleichmut Weder-Schmerzhaftes-noch-Angenehmes und Reinheit der Achtsamkeit in sich hat, und verweilte darin. Aber jenes angenehme Gefühl, das in mir erschien, drang nicht in meinen Geist ein und blieb nicht dort."

Dies war gewissermaßen die Vorbereitung für die dann anschließende Einsichtspraktik. Hier nun versuchte **Siddhārtha** Klarheit über frühere Existenzen zu erlangen, und er berichtet[16]:

"Als mein konzentrierter Geist auf solche Weise geläutert, klar, makellos, der Unvollkommenheit ledig, gefügig, nutzbar, stetig und unerschütterlich war, richtete ich ihn auf das Wissen von der Erinnerung an frühere Leben. Ich erinnerte mich an viele frühere Leben, das heißt, an eine Geburt, zwei Geburten, drei Geburten, vier Geburten, fünf Geburten, zehn Geburten, zwanzig Geburten, dreißig Geburten, vierzig Geburten, fünfzig Geburten, hundert Geburten, tausend Geburten, hunderttausend Geburten, viele Äonen, in denen sich das Weltall zusammenzog, viele Äonen, in denen sich das Weltall ausdehnte, viele Äonen, in denen sich das Weltall zusammenzog und ausdehnte: 'Dort wurde ich soundso genannt, war von solcher Familie, mit solcher Erscheinung, solcherart war meine

---

16 In M36,38f (Übersetzung Mettiko Bhikkhu)

Nahrung, so mein Erleben von Glück und Schmerz, so meine Lebensspanne; und nachdem ich von dort verschieden war, erschien ich woanders wieder; auch dort wurde ich soundso genannt, war von solcher Familie, mit solcher Erscheinung, war meine Nahrung solcherart, so mein Erleben von Glück und Schmerz, so meine Lebensspanne; und nachdem ich von dort verschieden war, erschien ich hier wieder.' So erinnerte ich mich an viele frühere Leben mit ihren Aspekten und Besonderheiten."

"Dies war das erste wahre Wissen, das ich zur ersten Nachtwache erlangte."[17]

Siddhārtha setzte sich also mit einem im hinduistischen Indien damals wichtigen Gedanken, dem der „Wiedergeburt" auseinander. Er fasste diese Erkenntnis später in dem Satz zusammen: „Es gibt Wiedergeburt, aber niemanden, der wiedergeboren wird." Der Grund dafür ist, dass die genetische Disposition ebenso wie die sozialisatorischen Einflüsse für jeden Menschen anders sind, es kann also keine Identität zwischen

---

17 Der Begriff Nachtwache ist erläuterungsbedürftig. Manche Autoren gehen davon aus, der **Buddha** habe drei (einige sagen vier) Nächte lang gewacht. Dies ist m.E. nicht richtig. Richtig ist vielmehr, dass reisende Kaufleute usw., wenn sie nachts im Freien übernachten, eine Wache aufstellen. Da die durchschnittliche Nacht (Dunkelheit) zwölf Stunden dauert, der Mensch jedoch nur acht Stunden Schlaf braucht, wurden gewöhnlich drei Personen beauftragt. Die erste hatte die erste Nachtwache (etwa von 18 h bzw. Eintritt der Dunkelheit bis 22 h), die nächste die zweite Nachtwache (etwa von 22 h bis 2 h) und die dritte die letzte Nachtwache (etwa ab 2 h bis es hell wurde). Die Uhrzeitangaben sind zur ungefähren Verdeutlichung hier angegeben, damals gab es keine Uhren, man verließ sich auf das eigene Zeitgefühl. Diese drei Teile der Nacht wurden daher als „drei Nachtwachen" bezeichnet.
Der **Buddha** berichtet hier also davon, wie er eine Nacht durchwachte und darin drei wesentliche Erkenntnisse hatte, die er den drei Dritteln der Nacht entsprechend der üblichen Einteilung als „Nachtwachen" bezeichnete.

einem Gestorbenen und einem später Wiedergeborenen geben. Aber gibt es dennoch eine Verbindung zwischen einem Gestorbenen und sagen wir „seinem Nachfolgermodell"?

Dies zu ergründen blieb der Kontemplation in der nächsten Nachtwache vorbehalten. **Siddhārtha** berichtet[18]:

*"Als mein konzentrierter Geist auf solche Weise geläutert, klar, makellos, der Unvollkommenheit ledig, gefügig, nutzbar, stetig und unerschütterlich war, richtete ich ihn auf das Wissen vom Sterben und Wiedererscheinen der Wesen. Ich sah mit dem **Himmlischen Auge**, das geläutert und dem menschlichen überlegen ist, die Wesen sterben und wieder erscheinen, niedrige und hohe, schöne und häßliche, in Glück und Elend. Ich verstand, wie die Wesen ihren Handlungen gemäß weiterwandern: 'Diese geschätzten Wesen, die sich mit Körper, Sprache und Geist übel benommen haben, die die Edlen geschmäht haben, die falsche Ansichten hatten und diesen in ihren Taten Ausdruck verliehen, sind bei der Auflösung des Körpers, nach dem Tode in Umständen, die von Entbehrungen geprägt sind, wieder erschienen, an einem unglücklichen Bestimmungsort, in Verderbnis, ja sogar in der Hölle; aber jene geschätzten Wesen, die sich mit Körper, Sprache und Geist wohl benommen haben, die die Edlen nicht geschmäht haben, die richtige Ansichten hatten und diesen in ihren Taten Ausdruck verliehen, sind bei der Auflösung des Körpers, nach dem Tode an einem glücklichen Bestimmungsort wieder erschienen, ja sogar in der himmlischen Welt.' So sah ich mit dem Himmlischen Auge, das geläutert und dem menschlichen überlegen ist, die Wesen sterben und wieder erscheinen, niedrige und hohe,*

---

18 In M36,40f (Übersetzung Mettiko Bhikkhu)

schöne und häßliche, in Glück und Elend, und ich verstand, wie die Wesen ihren Handlungen gemäß weiterwandern."

41. "Dies war das zweite wahre Wissen, das ich zur zweiten Nachtwache erlangte."

In der ersten Nachtwache hatte **Siddhārtha**, der werdende **Buddha**, den Begriff „Wiedergeburt" ergründet und damit den Grundstein für die Überwindung des hinduistischen Prinzips der „Seelenwanderung" gelegt, nun ergründete er, worin die teilweise Identität eines Geborenen mit einem Verstorbenen besteht und er kommt dabei zu einer Neuinterpretation des Karmagesetzes. Dies beschreibt der **Buddha**, so werde ich ihn von hier an nennen, aber nicht als eine Theorie, als eine Kopfgeburt, sondern als etwas, das er mittels des **himmlischen Auges** gesehen habe, also als etwas, das nur aufgrund langer, tiefer und erfolgreicher meditativer Praxis möglich ist.

Und schließlich in der dritten Nachtwache, als bereits der neue Tag zu dämmern beginnt, erkannte der **Buddha**[19]:

"Als mein konzentrierter Geist auf solche Weise geläutert, klar, makellos, der Unvollkommenheit ledig, gefügig, nutzbar, stetig und unerschütterlich war, richtete ich ihn auf das Wissen von der Vernichtung der Triebe. Ich erkannte unmittelbar der Wirklichkeit entsprechend: 'Dies ist Dukkha.' Ich erkannte unmittelbar der Wirklichkeit entsprechend: 'Dies ist der Ursprung von Dukkha.' Ich erkannte unmittelbar der Wirklichkeit entsprechend: 'Dies ist das Aufhören von Dukkha.' Ich erkannte unmittelbar der Wirklichkeit entsprechend: 'Dies ist der Weg, der zum Aufhören von Dukkha führt.' Ich erkannte unmittelbar der Wirklichkeit entsprechend: 'Dies sind die Triebe.' Ich erkannte unmittelbar der Wirklichkeit entsprechend: 'Dies ist der Ursprung der Triebe.' Ich erkannte unmittelbar der Wirklichkeit entsprechend: 'Dies ist das Aufhören der Triebe.' Ich

---

19 In M36,42-44 (Übersetzung Mettiko Bhikkhu)

erkannte unmittelbar der Wirklichkeit entsprechend: 'Dies ist der Weg, der zum Aufhören der Triebe führt.'"

"Als ich so wußte und sah, war mein Geist vom Sinnestrieb befreit, vom Werdenstrieb und vom Unwissenheitstrieb. Als er so befreit war, kam das Wissen: 'Er ist befreit.' Ich erkannte unmittelbar: 'Geburt ist zu Ende gebracht, das heilige Leben ist gelebt, es ist getan, was getan werden mußte, darüber hinaus gibt es nichts mehr.'"

"Dies war das dritte wahre Wissen, das ich zur dritten Nachtwache erlangte. Die Unwissenheit war vertrieben und wahres Wissen erschien, die Dunkelheit war vertrieben und Licht erschien, wie es in einem geschieht, der umsichtig, eifrig und entschlossen lebt."

Im ***upanisā sutta***, das den Stufenweg[20] zur **Erleuchtung** im buddhistischen Sinn, zum **Erwachen**, beschreibt, ist das Erwachen der vorletzte Schritt, er wird dort als ***vimukti*** (Befreiung) bezeichnet. Danach folgt jedoch noch ein weiterer Schritt, der dort ***āsavakkaya ñāna*** genannt wird, Wissen um die Zerstörung der Triebe, man ist also nicht nur erwacht, man erkennt auch, dass die menschlichen Triebe überwunden sind, das man die Evolutionsstufe erreicht hat, die wir **Buddha** nennen. Genau das wird hier beschrieben, genau das ist das Ergebnis der dritten Nachtwache.

Der **Buddha** war nunmehr erleuchtet, aber er blieb noch einige Zeit an dem Ort, an dem er diesen entscheidenden Schritt erreicht hatte. Er wusste, das er das Höchste erreicht hat, was man erreichen kann. Aber für einen spirituellen Menschen stand nun eine weitere Frage im Raum, die uns vielleicht merkwürdig erscheint. Es war die Frage: wen oder was kann ich verehren? Zur Spiritualität gehört ja auch die Devotion, die hingebungsvolle Verehrung des Höheren. In Indien waren dies

---

20 Den Stufenweg zum Erwachen habe ich in Band 7 (Evolviere zur/zum Buddha") dieser Buchreihe ausführlich beschrieben und erläutert .

die Götter, was man mit den christlichen Engeln vergleichen kann. Wenn man aber weiterentwickelt ist als die Götter, was bleibt dann noch? Die abrahamitischen Religionen verehren den Schöpfer, die Katholiken verehren Heilige, aber wen soll ein *Buddha* verehren?

Und der Buddha fand eine Lösung, er verehrte den *Dharma*, die Lehre, die die Wirklichkeit wirklichkeitsgemäß beschreibt und das Übungssystem, das dorthin führt.

Und der *Buddha* fand dort, wo er sich befand, noch etwas, das er verehren konnte. Er verehrte den Baum, unter dem er das *Erwachen* erreicht hatte, den *Bodhi-Baum*. Er blieb sieben Wochen an diesem Ort, und verehrte diesen Baum!

Alles entsteht in Abhängigkeit von Bedingungen, von unzähligen Bedingungen. Eine der Bedingungen, unter denen er *Erwachen* erlangt hatte war dieser Baum. Er hatte ihm Schatten gespendet. Der Baum produzierte auch das, was wir alle benötigen: molekularen Sauerstoff. Und hätte Sujātā nicht dem Baumgeist, der ihrer Meinung nach in diesem Baum wohnte, verehrt, hätte er möglicherweise nicht überlebt. So ist auch dieser Baum ein Mosaikstein in dem Beziehungsgeflecht, das zum *Erwachen* führte. Daher wird dieser Baum *Bodhi-Baum* genannt. Daher verehrte der *Buddha* diesen Baum.

Nach den sieben Wochen der Verehrung war es soweit, der *Buddha* begann das zu tun, was er die nächsten mehr als 40 Jahre tat, er verkündete den *Dharma*.

Erleuchtung wird kommuniziert

Nunmehr hatte der frisch erwachte **Buddha** einige Wochen voller Freude und Dankbarkeit unter dem **Bodhi-Baum**, unter dem er erwacht war, verbracht. In den letzten Tagen war dabei eine Erinnerung an die Nacht des **Erwachens** immer deutlich in den Vordergrund seines Fühlens und Denkens getreten. Er hatte damals gelobt, er wolle das, was er erfahren hatte, den **Dharma**, die Wahrheit und die Gute Lehre, den Menschen bringen, die nur wenig Staub auf den Augen haben. Gleichzeitig war ihm bewusst, wie tiefgründig diese Wahrheit war und wie schwer in Worte zu fassen. Alle Worte, alle Begriffe, die wir kennen, sind aus den Erfahrungen der Menschheit entstanden, sie dienten dazu, Erfahrenes zu kommunizieren, setzten dabei an, dass alle Menschen ähnliche Erfahrungen haben. Jedoch die Erfahrung des **Erwachens** teilte der Buddha mit niemandem. Für das, was er erkannt hatte und was jenseits aller Konzepte war, gab es schlichtweg keine Begriffe. Wie also sollte der **Dharma** kommuniziert werden?

Als er damals unter dem **Bodhi-Baum** gelobte, den **Dharma** denen zu bringen, die nur wenig Staub auf den Augen haben, die also nur in deutlich unterdurchschnittlichem Maße verblendet waren, hatte er an sehr wenige Individuen gedacht. Sicher würde er den **Dharma** nur den Allerweisesten, denen, die in ethischem Verhalten, in Meditation und in Weisheit schon sehr weit gekommen waren, kommunizieren können. Und so dachte er an seine beiden früheren Lehrer, bei denen er hochentwickelte Stadien der Meditation erreicht hatte, er dachte an

Āḷāra Kālāma und **Uddaka Rāmaputta**. Denen könnte er am ehesten das vermitteln, was sich ihm eröffnet hatte.

Nun gehören zu den Nebeneffekten sehr hoher meditativer Erreichungen auch gewisse paranormale Fähigkeiten, wie beispielsweise **Hellsehen**, also zu sehen, was an einem anderen Ort geschieht, und **Hellhören**, also zu hören, was an einem anderen Ort gesagt wird. Dies scheint uns normalen Sterblichen ziemlich unmöglich. Wenn einem aber klar wird, dass ein **Erwachter** die Schranke zwischen Ich und Ander[21] transzendiert hat, dass er die scheinbare Subjekt-Objekt-**Dualität** über-wunden hat, dass es nicht MEINEN Geist hier und den Geist da draußen gibt, sondern dass Geist ein transpersonales Phänomen ist, das alle Wesen teilen, dann wird klar, dass etwas, was ein (scheinbar) unabhängiges Individuum sieht, hört, fühlt, riecht, schmeckt, denkt, was also dem Geist zugetragen wurde auch vom Geist eines anderen (scheinbar) unabhängigen Individuums angezapft werden kann.

Es gibt auch noch andere **paranormale** Phänomene, die zusammen mit gereifter Meditation auftreten, unter anderem Psychokinese oder Präkognition. Psychokinese, also Dinge einfach mit Willenskraft zu bewegen, ist Ausdruck dessen, dass das Bewusstsein das Sein bestimmt, also des Primats des Bewusstseins gegenüber der Materie, und Präkognition, also ein Blick in die Zukunft, wird dadurch möglich, dass über das Konzept der Zeit, das eine Erfindung menschlichen Geistes ist,

---

21 „Ander" ist ein Kunstwort, das ich für alles verwende, was nicht „ich" bin, für der Andere, die Andere, die Anderen, das Andere, die Umwelt, letztlich für alles was Nicht-Ich ist. Für die meisten Menschen ist das „Ich" das schützenswerteste, alles andere weniger schützenswert. Der Begriff „Ich" ist ein Akt der Verblendung, denn er suggeriert eine Abgetrenntheit, die so nicht existiert. Eine Variante dieses falschen Ichglaubens ist das „erweiterte Ich", dieses kann „meine Familie" sein „mein Fußballverein", „meine Nation" oder auch „meine Religion", also Dinge für die der einzelne evtl. sogar bereit wäre sein Leben zu opfern, um das „erweiterte Ich" zu schützen.

um das Ursache-Wirkungsgefüge zu verstehen, hinausgegangen wird. Ebenso ist Raum ein menschliches Konzept. Wenn man dieses transzendiert hat, kann man augenblicklich an einem anderen Ort – oder auch an mehreren Orten gleichzeitig erscheinen. Aber auf alle diese Phänomene will ich hier nicht näher eingehen. Ich habe sie nur aufgeführt, um klarer zu machen, was damit gemeint ist, wenn es heißt, der Buddha habe etwas mit seinem *„himmlichen Auge"* gesehen.

Doch zurück zu dem Wunsch des Buddha, seinen beiden Meditationslehrern, *Āḷāra Kālāma* und *Uddaka Rāmaputta*, den Dharma zu kommunizieren. Als er dies erwog, sah er nämlich mit seinem *himmlischen Auge*, dass diese beiden Meister unlängst verstorben waren. So nahm er sich die Zeit, den beiden in Dankbarkeit zu gedenken. Auch wenn er ihnen den Dharma in diesem ihren vergangenen Leben nicht hatte kommunizieren können, war er sicher, dass der Bewusstseinsstrom, dessen Ausdruck sie waren, in einer neuen Existenz zum *Erwachen* kommen werde, wenn es ihm denn gelänge den *Dharma* so zu kommunizieren, dass er weitergegeben werden könne.

Als nächstes besann sich der Buddha auf jene fünf *Asketen*, die vor nicht allzu langer Zeit seine Jünger, waren, damals, als er noch die radikale *Askese* übte. Diese Asketen hatten sich von ihm abgewandt, als er wieder begonnen hatte, Nahrung zu sich zu nehmen. Und wieder bediente er sich seines *himmlischen Auges*, um zu sehen, wo er diese finden könnte, und er sah, dass die fünf Asketen sich zu diesem Zeitpunkt im Tierpark von *Isipatana*, das heute *Sarnath* heißt und im indischen Bundesstaat *Uttar Pradesh* liegt, aufhielten. Der Weg dorthin war viele Tage weit, aber der *Buddha* war sich sicher, die fünf dort auch noch anzutreffen.

Unterwegs traf der *Buddha* einen anderen Asketen. Dieser Asket, *Upaka* mit Namen, hatte schon von weitem gesehen, dass mit demjenigen, den wir den *Buddha* nennen, der ihm aber nicht bekannt war, etwas Außerordentliches geschehen war, denn *Upaka* erkannte dieses Strahlen, das den *Buddha* umgab, seine Aura, wodurch im klar war, das derjenige, der ihm da begegnete, etwas ganz Besonderes sein musste. So sprach *Upaka* den *Buddha* an: „Ihr seht so ungewöhnlich aus, werter Herr, seid Ihr vielleicht ein Geist?"

„Nein, werter Asket, ich bin kein Geist." - „Dann seid Ihr womöglich ein Gott?"

„Nein, werter Asket, ich bin auch kein Gott." - „Na, dann müsst Ihr ein Mensch sein, aber ein besonderer Mensch; wer ist euer Lehrer, unter wessen Leitung seid ihr in die *Hauslosigkeit* gegangen, zu welchem Meister bekennt ihr euch?"

Der *Buddha* antwortete: „Nein, ich bin auch kein Mensch. Ich bin ein *Buddha*. Für mich gibt es keinen Lehrer mehr. Keiner gleicht mir. Es gibt keinen mir Ebenbürtigen, auch nicht in der Götterwelt. Ich bin der unübertroffene Meister, bin der Heilige, mein Freund, ich bin der *Buddha*!"

Nachdem der *Buddha* das gesagt hatte, schüttelte *Upaka* nur den Kopf und sagte: „Wenn du meinst, Bruder, wenn du meinst" und ging kopfschüttelnd weiter. Dem *Buddha* sagte die Begegnung zweierlei: ja, seine Erreichung war für spirituell empfängliche Menschen wie diesen Asketen sichtbar. Aber diese weitreichende Veränderung, dieses Durchdringen in eine evolutionär andere Dimension jenseits dessen, was wir als Menschen kennen, auch jenseits dessen, was spirituell Hochsensible vielleicht als *Engel* bezeichnen würden, in Indien jedoch mit „Götter" (*devas*) bezeichnet wurde, diese ungeheuerliche Veränderung ist für normale Menschen, ja selbst für spirituell Suchende wie den Asketen *Upaka*, völlig unbegreiflich.

Wenn er, der **Buddha**, Menschen überzeugen wollte, würde er sich kommunikativ deren jeweiligen Erfahrungen anpassen müssen. Wir sehen daraus, dass ein **Buddha** zwar ein in spirituellen Dingen Vollkommener ist, einer der die Wahrheit nicht nur erkannt, sondern auch verwirklicht hat, dass er aber in weltlichen Dingen, wie der Kommunikation mit Worten, durchaus noch dazulernen kann, und auch dem **Buddha** wurde das durch diese Begegnung bewusst. Interessant finde ich allerdings auch, dass dieser offensichtlich erste Kommunikationsversuch des **Buddha** mit einer anderen Person, ein Versuch, der grandios fehlschlug, keineswegs vertuscht wurde, sondern vom **Buddha** so weitererzählt wurde, andernfalls wüssten wir nicht davon. Diese Szene erscheint nämlich im **Pāḷikanon**, dort wo alle Lehrreden und Geschichten vom historischen Buddha, die dieser selbst erzählte, niedergelegt sind.

So ging der **Buddha** einige Tage lang weiter, manchmal in der gleißend heißen Sonne, dann wieder in heftigem Monsunregen, und er erreichte etwa eine Woche nach seinem Aufbruch *Isipatana*, wo die fünf Asketen beieinander saßen. Diese sahen schon weitem, dass sich jemand näherte, und einer fragte die anderen: „Seht ihr den Mann da hinten, der in unsere Richtung geht? Ist das nicht unser alter Gefährte **Gotama**?"

„Meinst du? Was will denn der hier? Der hat doch wieder zu essen angefangen! Der hat doch die strenge **Askese** verraten!" So entspann sich ein Gespräch über den Buddha, den sie als den „Asketen **Gotama**" kannten.

„Der kann doch nicht wieder zu uns, der soll woanders hingehen und Reisbrei essen, mit dem bin ich durch."

„Wir werden uns auf gar keinen Fall erheben, wir würdigen ihn am besten keines Wortes."

„Wir nehmen ihm auf keinen Fall die Robe und die Almosenschale ab, wenn er zu uns kommt, solche Höflichkeiten stehen ihm nicht mehr zu.“

„Wenn er will, kann er sich ja setzen, aber einen Sitzplatz werden wir ihm nicht herrichten!“

„Wir sollten ihn zumindest anhören, was er will, vielleicht bereut er ja seinen Entschluss?“

„Aber, dass das klar ist, wir dürfen ihn auf keine Fall verehren wie früher. Er war schwach, hat gegessen wie ein Weltling, er ist nicht mehr wert als wir, sondern weniger.“

„Seht ihn nur an. Er ist anders, seht ihr nicht das Strahlen das von ihm ausgeht?“

„Schon, aber haltet euch zurück, er ist ein Abtrünniger ein Verführbarer!“

„Und seht, wie sein Gesicht aussieht, so viel Freundlichkeit, Güte, Weisheit sah ich nie zuvor!“

Inzwischen ist der **Buddha** bei ihnen angekommen, und die **Asketen**, die sich gerade noch vorgenommen hatten, ihn links liegen zu lassen, vielleicht zu ignorieren oder aber allenfalls anzuhören, die sich vorgenommen hatten, ihn als einen, der ihnen unterlegen ist, anzusehen, diese Asketen handelten plötzlich anders, als sie es sich vorgenommen hatten. Einer geht ihm entgegen, verbeugt sich vor ihm, ein zweiter bereitet ihm einen Sitz aus einem Übergewand, einer bringt ihm Trinkwasser und wieder ein anderer beginnt ihm die Füße zu waschen.

Zunächst ist jedoch ihre Rede noch etwa distanziert: „Was führt Euch hierher, Herr **Gotama**, ich hoffe Ihr hattet eine gute Zeit.“

Der **Buddha** lächelte sie an, mit einem freundlichem Nicken bedachte er jeden, der ihm diese kleinen Dienste erwiesen hat, dann sah er jeden einzelnen eine Weile an - und das veränderte sie. Es war, als würde da eine geballte Ladung Schönheit, Weisheit, Ruhe, Zufriedenheit und Freundlichkeit auf sie niedergehen.

Und dann sprach der **Buddha** in Worten, die ich hier nicht wiedergeben kann. Er zollte jedem von ihnen Respekt und Anerkennung, machte ihnen kleine Komplimente und gleichzeitig wurde jedem klar, dass dieser Mann, den sie als „Asket *Gotama*" kannten, inzwischen ein anderer war. Dass er ihnen in Weisheit, Mitgefühl und Erkenntnis weit überlegen war.

Schließlich fragte der Asket *Koṇḍañña* – und er gebrauchte dabei eine Anrede, die er nie zuvor verwendet hatte, mit der der **Buddha** aber von da an üblicherweise von seinen Anhängern angeredet wurde: *„Erhabener*, was ist mit Euch geschehen, was ist Euch widerfahren, ihr seid so ... so vollkommen?"

„Freunde", antwortete der **Buddha**, „es ist wahr, das was wir gesucht haben, ist möglich, es ist erreicht: *Alter, Krankheit und Tod* sind besiegt, sind überwunden. Das Unfassbare ist eingetreten, vollständiges *Erwachen* ist erreicht. Als schwacher Asket *Gotama* bin ich von euch gegangen und als **Buddha**, als *Erwachter*, kehre ich zu euch zurück. Der *Dharma* ist von mir erkannt worden, ich verstehe jetzt, wie alles zusammenhängt, wie alles ist und warum es so ist – und dass es gut so ist. Freunde, der *Dharma* ist enthüllt und ich bin gekommen ihn euch zu verkünden!"

Diese Worte in Verbindung mit dem, was der **Buddha** ausstrahlte, ließ die Asketen keinen Moment daran zweifeln, dass ihr alter Gefährte *Gotama* tatsächlich zum **Buddha** geworden war. Es fühlte sich ungemein seltsam und bemerkenswert an, neben diesem *Heiligen* zu sitzen und die Ausstrahlung seiner Aura zu empfangen. Keiner von den Fünfen hatte nur den geringsten Zweifel, dass ER erreicht hatte, was erreicht werden kann, aber alle fünf, jeder für sich, zweifelten in diesem Moment daran, dass sie selbst auch das erreichen könnten, was der Buddha erreicht hatte, und Koṇḍañña fragte als erster: „*Erhabener*, ist es möglich den *Dharma* zu kommunizieren? Ist es möglich, dass Ihr uns darin unterweist, dass wir auch das erreichen können, was Ihr erreicht habt?"

„Freunde, es ist für diejenigen, die nur wenig Staub auf den Augen haben, möglich, zu sehen, was ich sehe; zu erkennen, was ich erkannt habe; zu erreichen, was ich erreicht habe. Ich wäre nicht zu euch gekommen, wenn ich nicht überzeugt wäre, dass ihr das Zeug dazu habt, das zu erreichen, was auch ich erreicht habe. Es ist aber nicht so, dass ich euch ein Konzept vorlegen werde, dass man einfach erlernen kann, wie man ein Gedicht auswendig lernt. Es bedarf eines Weges dahin. Als erstes hört ihr meine Worte. Dann reflektiert ihr einzeln darüber, anschließend reflektieren wir gemeinsam in einer Gesprächsrunde. Dann meditieren wir, schließlich führen wir Übungen durch, das Verstandene auch zu unserem Handeln werden zu lassen, und immer wieder absorbieren wir das Gehörte, das Gesagte, das Gedachte, das Getane in der Meditation. So und nur so ist es möglich, dass ihr zum *Erwachen* kommt, dass ihr zu *Arahants* werdet, zu Heiligen."

Die Asketen waren nicht nur froh, als sie das hörten, sie waren begeistert, allerdings mischte sich in diese Begeisterung auch Angst, dass sie die Worte zwar hören, aber das Ziel dieses *Workshops*, den der Buddha ihnen gerade angekündigt hatte, nicht erreichen würden. Und einer sprach aus, was alle dachten: „So gib uns denn zunächst die Worte, auf dass wir dann die anderen von Euch dargelegten Schritte gemeinsam unter Eurer Anleitung gehen können."

Und dann geschah das, was man im Buddhismus als das erste „Drehen des Rades der Lehre" bezeichnet, der *Buddha* legte den *Dharma* in Kürze da, er verkündete der Kern des *Dharma*, die *Vier Edlen Wahrheiten* und den *Edlen Achtfältigen Pfad*:

- „Freunde, dies ist die **Erste Edle Wahheit: Alles abhängig Entstandene ist *dukkha*** – letztendlich nicht vollkommen zufriedenstellend und daher unbefriedigend. Dies werden wir später besprechen, doch zunächst weiter;

- dies ist die **Zweite Edle Wahrheit: die Wahrheit über die Ursache von *dukkha*** – das Verlangen und die Unwissenheit sind die Ursache von *dukkha*, auch dies werden wir noch näher erörtern;

- dies ist die **Dritte Edle Wahrheit: die Wahrheit über das Aufhören von *dukkha*** – sobald Verlangen und Unwissenheit überwunden sind, sind die Ursachen von *dukkha* überwunden, damit ist *dukkha* beendet und

- dies ist die **Vierte Edle Wahrheit; die Wahrheit vom Pfad zum Aufhören von *dukkha*** – es ist der *Edle Achtfältige Pfad* des Übens, er besteht aus

- der **Rechten Vision**

- der **Rechten Entschlossenheit**

- der **Rechten Rede**

- dem **Rechten Handeln**

- dem **Rechten Lebenswandel**

- dem **Rechten Eifer**

- der **Rechten Achtsamkeit**

- der **Rechten meditativen Absorption** (*samādhi*)

Soweit die Worte, liebe Freunde, um dies zu verstehen, zu verinnerlichen, zu üben, zu verwirklichen, ist einige Zeit nötig.

Ich würde mich freuen, wenn ihr euch mit mir zusammen die Zeit nähmt, diesen Pfad gemeinsam zu beschreiten."

Den Asketen war sofort klar, dass das, was der Buddha da verkündete, die Wahrheit war, denn jede einzelne Erkenntnis, die der **Buddha** dargelegt hatte, war klar nachvollziehbar, irgendwie war ihnen das auch zuvor schon bewusst, wenn sie es auch niemals so klar hätten formulieren können. Natürlich hatte jeder von ihnen noch Fragen zu Details, z. B.: Was heißt „letztendlich"? Warum ist von *„abhängig Entstandenem"* die Rede. Was bedeutet *„Unwissenheit"* genau? Warum ist von „Verlangen" die Rede, nicht aber von Gehässigkeit? Was bedeutet dieses Adjektiv „rechte", ist das „richtige" oder „vollkommene"? Wann ist Meditation *„samādhi"*? Aber der **Buddha** hatte ihnen ja erläutert, was noch zu tun sei: „Als erstes hört ihr meine Worte. Dann reflektiert ihr einzeln darüber, anschließend reflektieren wir gemeinsam in einer Gesprächsrunde. Dann meditieren wir, schließlich führen wir Übungen durch, das Verstandene auch zu unserem Handeln werden zu lassen, und immer wieder absorbieren wir das Gehörte, das Gesagte, das Gedachte, das Getane in der Meditation."

So waren die fünf Asketen voller Zuversicht und begannen sofort nachdem sie sich beim **Buddha** in höchsten Worten bedankt hatten, mit der individuellen Reflexionsphase. Vollkommenheit, Überwindung von Alter, Krankheit und Tod, das Ende des Umherwandelns im Rad von Tod und Wiedergeburt, von Geburt und Wiedertod, das Erreichen von **Nirwana**, des Reiches des Nicht-mehr-Wahns, das Ziel aller Ziele irdischen Strebens war in Sichtweite.

Der **Buddha** hatte sich der Begriffe der menschlichen Sprache bedient, um das Übermenschliche zu beschreiben, da musste noch viel nachgefragt werden, umschrieben werden, Erkenntnisse mussten gedeutet und Erfahrungen dargelegt werden. Mit

Feuereifer unternahmen sie das, was man heute einen *Workshop* nennt. Es war der wohl erste historisch belegte *Workshop*. Sie hatten nur wenig Zeit zum Essen, aber einmal täglich gingen zwei von ihnen auf *Almosengang* und teilten hinterher das Mitgebrachte mit den anderen, die inzwischen mit dem Buddha ein Thema tiefer erörtert hatten, dass denen, die das Essen holten, schon klar geworden war.

Sie saßen bis spät in die Nacht und standen schon früh auf. Während einer dieser meditativen Absorptionsphasen erschien ein Strahlen auf dem Gesicht des *Koṇḍañña*. Der Buddha und *Koṇḍañña* sahen einander an und sie kommunizierten in großer Freude wortlos. „*Koṇḍañña* hat verstanden, er hat es wirklich erreicht!" rief der *Buddha* freudig aus. Es war wahr geworden: der *Dharma* war kommuniziert worden! Zum ersten Male war – soweit wir das wissen[22] – der *Dharma* von einem *Buddha* dargelegt und von einem anderen Menschen dadurch *Erwachen* erreicht worden. Es gab nunmehr zwei vollkommen *Erwachte* auf der Welt.

In den nächsten Tagen wurde der *Workshop* fortgesetzt, sodass es an dessen Ende sechs *Erwachte* in der Welt gab. Dann trennten sie sich ihre Wege und sie zogen weiter, um die gute Lehre zu verkünden.

---

22 Da der „*Dharma*", die Lehre des *Buddha*, kein theoretisches Konzept ist, sondern eine Beschreibung der letztendlichen Realität, wird das, was der *Buddha* herausgefunden hatte, auch wieder herausgefunden werden, wenn die Lehre des *Buddha* vollkommen vergessen wurde. Das bedeutet, dass der „*Dharma*" mit an Sicherheit grenzender Wahrscheinlichkeit auch früher schon von „Erwachten" (also *Buddhas*) entdeckt wurde, dies aber in Vergessenheit geriet, u.a. weil damals keine Schrift existierte. Der *Buddha* selbst sprach von 28 *Buddhas* vor ihm. Ob das wörtlich zu nehmen ist oder mythologisch gemeint ist, darüber spekuliere ich nicht.

Yasa –
Vom Playboy zum Erleuchteten

Einstmals lebte in **Benares** ein reicher Kaufmann, der unter anderem mehrere Häuser besaß; die buddhistischen Berichte sprechen von drei Palästen, aber ich denke, wenn man sagt, es handele sich um ein großes Stadthaus und zwei Villen auf dem Lande, kommt das dem heutigen Sprachgebrauch näher. Dieser Kaufmann hatte einen Sohn namens *Yasa*, der in solch einer üppigen Umgebung aufwuchs und sich wohl zunächst auch wie ein Playboy aufgespielt haben dürfte.

So verbrachte *Yasa* die viermonatige Regenzeit in einer dieser Villen auf dem Lande, er hatte dort nur Dienerinnen, Musikantinnen und Tänzerinnen - andere Männer außer ihm gab es nicht. Eines Abends ging es wieder einmal hoch her, es wurden exquisite Speisen aufgetischt, zur Musik der Musikerinnen tanzten leicht bekleidete Tänzerinnen und es gab auch berauschende Mittel der ein oder anderen Art, man kann es ruhig so deutlich sagen: *Yasa* feierte eine Orgie – eine Orgie für einen Mann und seine Gespielinnen. Allmählich war *Yasa* von der körperlichen Anstrengung erschöpft und die Rauschmittel taten das ihre: das Licht war noch nicht gelöscht, da fiel *Yasa* erschöpft in den Schlaf und ebenso auch eine nach der anderen von den Mädels.

Früh am Morgen wachte *Yasa* auf; verschmierte Teller mit Essensresten lagen herum, Getränke waren verschüttet, die Musikerinnen waren mit ihren Instrumenten eingeschlafen, ihre Haare waren verworren, auch ihre Körperhaare waren von

Schweiß und anderen Körperflüssigkeiten verklebt, eine der Frauen schnarchte stark, andere sabberten und es roch nach Schweiß, alter Luft und Erbrochenem.

„Oh, das ist alles so schrecklich, so erbärmlich, so abstoßend!" stöhnte *Yasa*, der außerdem von Kopfschmerzen geplagt war. Alles widerte ihn an. Aber das alles war Ausdruck des Lebens, das er führte, und so widerte ihn sein ganzes Leben, dieser hohle Schwachsinn, diese Völlerei, diese Orgien an. Ihn ekelte vor einem Leben mit leeren, sinnlosen Genüssen, unterbrochen durch fressen, saufen und herumhuren.

Er zog sich seine vergoldeten Schuhe an und ging angewidert aus dem Haus, wobei die Tür, wenn wir den Schriften glauben dürfen, von einem nichtmenschlichen Wesen geöffnet wurde. Er lief einige Straßen weiter und gelangte alsdann zum Stadttor, das sich wie durch Geisterhand öffnete, so sagt es die Überlieferung. So marschierte er an den Feldern entlang zu einem Wäldchen und immer wieder plapperte er diesen Satz vor sich hin: „Oh, das ist alles so schrecklich, so erbärmlich, so abstoßend!"

Es war die Zeit kurz nachdem der **Buddha** in *Isipatana* den fünf Asketen den **Dharma** verkündet und sie alle zur Heiligkeit geführt hatte. Danach hatten sich die sechs **Erwachten** getrennt und der **Buddha** war wieder auf Wanderschaft gegangen. Er hatte die Nacht in einem Wäldchen verbracht und machte jetzt in der Morgendämmerung seine Gehmeditation, als er bemerkte, dass noch jemand unterwegs war. Als der andere näher kam, hörte er, wie dieser vor sich hinlaberte: „Oh, das ist alles so schrecklich, so erbärmlich, so abstoßend!"

Der **Buddha** sah den desorientierten jungen Mann und er sprach voller Mitgefühl: „Komm her, mein Freund, es gibt hier etwas, das nicht schrecklich ist, nicht erbärmlich, nicht abstoßend. Es gibt etwas Schönes, etwas Erhabenes, etwas, das am Anfang, in der Mitte und am Ende gut ist. Wenn du magst, kann ich dir davon erzählen, setz dich einfach hier nieder!"

Es war die Güte in seiner Stimme, diese Hilfsbereitschaft, die *Yasa* Vertrauen zu diesem ihm unbekannten Wandersmann einflößte, und so zog er seine vergoldeten Schuhe aus, stellte sie seitwärts ab und setzte sich nieder, bereit zu hören, ob es etwas gäbe, das seinem Leben wieder Sinn geben könnte.

Der **Buddha** aber begann, ihm eine Alternative aufzuzeigen zu diesem nutzlosen Leben in Völlerei und dem sinnlosen Warten auf **Alter, Krankheit und Tod**. Der **Buddha** sprach zunächst über das Geben, über den Sinn von großzügigem, selbstlosem, freudigem Geben; er zeigte auf, dass Geben seliger sei denn Nehmen. Dann sprach er über die Schönheit und die Fülle des ethischen Lebens, also der Achtung vor anderen Wesen, der Tatsache, dass es besser ist, nichts zu nehmen, das einem nicht freiwillig gegeben ist; er zeigte dem *Yasa* die Freude auf, die ihre Wurzel in Stille, Schlichtheit und Genügsamkeit hat, den Wert von ehrlicher, freundlicher, hilfsbereiter und sinnvoller Sprache, er erläuterte ihm die Schattenseiten von sinnlicher Gier und den Segen des Entsagens.

Inzwischen war *Yasa* aufnahmefähig, sanftmütig, unvoreingenommen, begeistert und voller Vertrauen in den **Buddha**, sodass dieser nun den Kern des **Dharma** verkünden konnte: Die **Unvollkommenheit** von allem Weltlichen. Er zeigte die Ursachen dieser Unvollkommenheit auf, wie die Unvollkommenheit überwunden werden kann, und wie der Pfad zur Überwindung dieser Unvollkomenheit ist. Und so kam es, dass *Yasa* verstand, und er sagte: „Ja sicher, Meister, alles, was entstanden ist, muss auch vergehen, dass ist die Natur der Welt."

Yasas Mutter wollte an diesem Morgen nach ihrem Sohn sehen, doch als sie ihn nicht finden konnte, eilte sie zu seinem Vater und berichtete ihm davon. Natürlich war die Aufregung groß und Diener wurden ausgesandt um nach *Yasa* zu suchen. Der Junge wird sich doch nichts angetan haben? Manchmal – nach diesen Ausschweifungen – war er so merkwürdig melancholisch gewesen. Auch der Vater nahm an dieser Suche teil. Als er sah, dass das Stadttor offen stand, ging er hindurch und suchte nach Spuren seines Sohnes - und tatsächlich konnte er auf dem Weg die Abdrücke von *Yasas* markanten vergoldeten Schuhen entdecken, und er folgte diesen Spuren.

Der Erhabene hatte *Yasa* gerade eine Einführung in den **Dharma** gegeben, als er den Kaufmann den Fußspuren folgend sah. Also wies der **Buddha** *Yasa* an sich seitwärts niederzusetzen und über das Gehörte zu reflektieren. Ob es nun magische Kräfte waren, dass er seinen kommenden Vater nicht bemerkte, auch nicht als dieser und der Buddha sich unterhielten, oder ob er nur so absorbiert von dem Ungeheuerlichen war, dass er eben gehört hatte, möchte ich dahingestellt sein lassen.

Die Schriften sagen, der **Buddha** habe den *Yasa* unsichtbar gemacht, sodass der Kaufmann seinen Sohn nicht sehen konnte. Vielleicht war es auch einfach so, dass die Präsenz des **Erhabenen** so überwältigend war, dass der Kaufmann für nichts anderes mehr Augen hatte. Doch etwas hatte er mit Sicherheit noch gesehen, die goldenen Schuhe, die *Yasa* beim **Buddha** abgestellt hatte. Daher fragte er den Erhabenen:

„Ich sehe die goldenen Schuhe meines Sohnes, aber meinen Sohn *Yasa* sehe ich nicht. Kann mir der **Erhabene** wohl bei der Suche nach *Yasa* behilflich sein?"

„Sicher Kaufmann, kann ich dir behilflich sein. Auch dein Sohn kam hierher wie ein Blinder, ich habe ihn zu einem Sehenden gemacht. Wenn auch du dich hierher setzt und mir lauschst, so kann ich auch dich zu einem Sehenden machen. Dann wirst du deinen Sohn augenblicklich wiedersehen."

Der Kaufmann tat, wie ihm geheißen und nahm Platz. Auch dem Vater legte der Buddha jetzt all das dar, was er zuvor schon seinem Sohne gesagt hatte. Er sprach also über Gebefreude, über die grundlegenden ethischen Vorsätze und kam dann auch auf den Kern des *Dharma* zu sprechen: auf das Entstehen in Abhängigkeit von Bedingungen, darauf, das alles so Entstandene unzulänglich sei. Er zeigte auch auf, worin die Ursachen dieser Unzulänglichkeit liegen, wie der Makel der Unzulänglichkeit überwunden werden kann, und was der Übungsweg ist, dies zu erreichen.

Der Kaufmann war begeistert: „Wunderbar, Meister, es ist, als hättet Ihr Licht in die Dunkelheit gebracht, so dass, wer Augen hat, sehen kann. Erhabener Ihr seid mein Lehrer, bitte nehmt mich als Schüler an. Ich nehme Zuflucht zu Euch als Lehrer, zum *Dharma*, den ihr verkündet habt, und zur Gemeinschaft, die Ihr gegründet habt. Bitte nehmt mich als Laienanhänger an." So kam es, dass es inzwischen neben dem *Buddha* nicht nur fünf weitere Mönche gab, sondern auch einen ersten Laienanhänger, also einen Buddhisten, der nicht die Mönchsgelübde auf sich genommen hat.

Yasa aber saß die ganze Zeit daneben. Er saß in Meditation und war ganz in Achtsamkeit fokussiert, im *peripheren Gewahrsein* aber hörte er den Buddha ein zweites Mal den *Dharma* darlegen und in ihm stieg das Licht der Erkenntnis auf, so erreichte *Yasa* die vollkommene *Erleuchtung*. All das war dem *Buddha* bewusst und nun, nachdem der Vater Laienanhänger und der Sohn erleuchtet war, sagte der *Buddha*: „Nun, werter Kaufmann, bist auch du ein Sehender, siehe: da sitzt dein Sohn."

Der Kaufmann der während der mehrstündigen Belehrung durch den *Buddha* so absorbiert war, dass er den Anlass seines

Kommens völlig vergessen hatte, freute sich nun über alle Maßen: „Mein Junge, wie herrlich dich zu sehen, wie wunderbar, die gute Lehre gehört zu haben. Lass uns nun nach Hause gehen und auch deiner Mutter davon berichten."

Yasa aber, der gerade frisch erleuchtet war, fürchtete nichts mehr als diese häusliche Umgebung, der er gerade entflohen war, und er sah ängstlich nach dem **Buddha**. Der **Erhabene** nickte ihm zu, dann wandte er sich an den Kaufmann:

„Werter Kaufmann, *Yasa* sah die Wahrheit wie du. Und während ich dir den **Dharma** erläuterte und *Yasa* das Gehörte reflektierte, wurde sein Geist voll und ganz befreit. Glaubst du wirklich, dass einer, der den **Dharma** nicht nur intellektuell verstanden hat, sondern der darüber hinaus auch frei von jeder Anhaftung ist, jemals ins häusliche, bürgerliche Leben zurück-kehren kann, zu weltlichem Kram und zur Jagd nach Sinnen-freuden?"

„Ihr habt Recht, **Erhabener**, es war töricht von mir, dies zu glauben. Aber es würde mich freuen Euch und meinen Sohn heute zum Mittagsmahl bei mir begrüßen zu können." Schweigend, wie das seine Art war, nahm der **Erhabene** das Angebot an, dann ging der Kaufmann zurück, um seiner Frau zu sagen, was vorgefallen war, und dem Gesinde Anweisungen für das Mittagsmahl zu geben.

Kaum war der Kaufmann gegangen, so sagte *Yasa*: „Oh Herr, bitte ordiniert mich!" Der Buddha lächelte: „Komm, Mönch," sagte er, dann gingen er und *Yasa* los. Damit war *Yasa* ordiniert. Es gab nunmehr sieben **Erwachte** in der Welt, sieben Mönche in der **Sangha** und einen Laienanhänger in *Benares*.

***

Am späten Vormittag trafen dann der **Buddha** und *Yasa* im Hause von dessen Eltern ein, wo ein erlesenes Festmahl aufgetischt wurde. Neben dem **Buddha**, *Yasa* und dessen Eltern nahm auch die frühere Gemahlin *Yasas* daran teil. Natürlich wollten die beiden Frauen wissen, was das denn für eine Lehre sei, die nicht nur den jungen *Yasa* in Kürze vollkommen seinen früheren Lebenswandel hinter sich lassen ließ, sondern die auch den Kaufmann so tief angerührt und überzeugt hatte.

Daher legte der **Buddha** nunmehr zum dritten Male an diesem Tag die Lehre in der gleichen Weise dar wie zuvor, und auch die beiden Frauen waren alsbald überzeugt und bekannten sich zu den **Drei Juwelen**. So ergab es sich, dass an diesem Tage erstmals auch Frauen zu Laienanhängerinnen geworden waren. Die Lehre des **Buddha** begann sich zu verbreiten, es gab nunmehr den Mönchsorden und sowohl männliche als auch weibliche Laienanhänger, oder wie wir das heute ausdrücken würden: Buddhistinnen und Buddhisten. Zufrieden darüber, dass sich der **Dharma**, der die Wahrheit und die Gesetzmäßigkeit des Lebens ist, allmählich zu verbreiten begann, stand der Buddha auf und setzte seine Wanderschaft fort.

***

Die wundersame Bekehrung des einstigen Playboys *Yasa* sprach sich natürlich schnell herum, sie war Stadtgespräch, und am meisten überrascht und am heftigsten diskutiert wurde dies natürlich von den Menschen, die besonders engen Umgang mit *Yasa* hatten. Vier seiner engsten Freunde saßen zusammen und besprachen dieses einschneidende Ereignis: „Es gibt so viele Asketen und spirituelle Lehrer, die umherziehen. Und *Yasa* war nun wirklich kein besonders frommer junger Mann, er war einer von uns, einer von denen, die das Leben und die Lustbarkeiten lieben", sagte Vimala. Und Subahu pflichtete ihm bei: „Es muss ein ganz außerordentlicher spiritueller Lehrer sein, wenn er sogar *Yasa* auf den Pfad der Tugend und zur Ordination in einem Asketenorden gewinnen konnte!"

„Was reden wir über ihn, fragen wir ihn doch selbst! Lasst uns einfach zu *Yasa* gehen, um herauszubekommen, was das mit seiner Ordination auf sich hat", schlug *Gamvapati* vor, und *Punnaji* ergänzte: „Wenn wir feststellen sollten, dass er von so einem Sektenführer über den Tisch gezogen wurde, müssen wir versuchen, ihn wieder von diesem Pfad abzubringen. Aber wenn...", er überlegte einen Moment, dann ergänzte er: „Ach, lasst uns einfach hingehen und mit ihm reden."

Also begaben sich die vier Freunde zu ihrem ehemaligen Kumpel *Yasa*. Dieser lobte den **Buddha** und sprach in den höchsten Tönen von ihm. Seine Freunde waren hin und her gerissen zwischen Begeisterung über einige der Dinge, die sie von *Yasa* hörten und Skepsis. Schließlich sagte *Yasa*: „Diese Lehre, der **Dharma**, ist so großartig, aber ich kann ihn längst nicht in dem Maße in Worte fassen, wie das der **Erhabene** getan hat. Was haltet ihr davon, wenn wir jetzt einfach zusammen zu ihm hingehen und er euch die Lehre selbst erläutert, er kann noch nicht allzu weit gekommen sein."

Und so machten sich *Yasa* und seine vier Freunde auf den Weg und sie fanden tatsächlich den **Buddha**, der ruhig am Wegesrand saß. Ob er meditierte oder einfach darauf wartete, dass einige Leute, die von *Yasas* wunderbarer Bekehrung gehört hatten, ihm folgten, das kann ich nicht sagen. Auf jeden Fall saß der **Buddha** am Wegesrand, als die fünf eintrafen.

Man begrüßte sich, *Yasa* stellte seine Freunde vor, man tauschte die üblichen Höflichkeitsfloskeln aus, dann setzten sich alle zusammen dort neben der Straße ins Gras. Der **Buddha** erläuterte den Segen großzügigen Handelns im Besonderen und die ethischen Grundsätze ganz allgemein, er sprach über die mit Gier, Verlangen und Habsucht auftretenden Probleme und erläuterte demgegenüber das ruhige Glück eines einfachen Lebens in Stille, Schlichtheit und Genügsamkeit.

Dann kam er auf den Kern der Lehre zu sprechen, das Entstehen der Dinge in Abhängigkeit von Bedingungen und damit verbunden die Unvollkommenheit von allem Weltlichen. Er zeigte die Ursachen dieser Unvollkommenheit auf, wie sie überwunden werden kann, und woraus der Pfad zur Überwindung dieser Unvollkommenheit besteht. Und wenn wir dem *Pāḷikanon* glauben können, dann brachte sie allein dieser Vortrag zur Erleuchtung, sodass es nunmehr bereits elf Heilige in der Welt gab.

Der Buddha erkannte, dass die Bekehrung des *Yasa*, dieses bekannten jungen Mannes, in der ganzen Gegend eine Eigendynamik entwickelte, und so entschied er sich, noch eine Weile im Umfeld der Stadt *Benares* zu bleiben. Tatsächlich war es so, dass diese Ereignisse viele Menschen bewegten, man tuschelte, man redete, ja, man war auch verunsichert. Einerseits war das, was man da hörte, die Sache mit der Genügsamkeit und der Entsagung, so weit vom gedanklichen Mainstream entfernt, dass es teilweise heftige Ablehnung erfuhr. Andererseits ging auch eine Faszination von dieser Alternative zum bürgerlichen Leben aus.

Aber es gab ja nicht nur die Möglichkeit über den *Buddha* und diese neue Lehre zu reden, man konnte zu diesem heiligen Mann hingehen, mit ihm reden, mit ihm diskutieren, ihm Fragen stellen, und der *Buddha*, der ein sehr feines Gespür dafür hatte, wer offen war für Neues und wer nur kam, um zu sehen, was der *Buddha* denn für ein merkwürdiger Heiliger war, nahm sich Zeit für alle, die fähig und bereit waren, zu erkennen, was auch er erkannt hatte. Er wusste, dass es Menschen mit nur wenig Staub auf den Augen gibt und solche, die sich in ihrer verstockten Verblendung willig eingerichtet hatten. Er lehrte für die mit nur wenig Staub auf den Augen und bei zahlreichen von ihnen gelang es ihm, die Augen bis zu einem bestimmten Grade für die Realität zu öffnen. Nicht wenige wurden Laienanhänger und Laienanhängerinnen. Und am Ende dieser Zeit im Raum

Benares, ich kann nicht sagen, ob es Tage oder Wochen waren, in denen der Buddha auch zahlreiche Mönche ordinierte, gab es bereits 61 Heilige in der Welt, so berichtet der **Pāḷikanon**.

Dann aber richtete der Erhabene in einer Versammlung sein Wort an alle Ordinierten: „Mönche, Brüder! Nicht nur ich bin befreit von allen **Fesseln** dieser Welt, auch ihr, meine Brüder, seid befreit von diesen Fesseln. Nun, liebe Mönche, zieht hinaus in die Welt, jeder für sich, verkündet den **Dharma**, der am Anfang, in der Mitte und am Ende gut ist, lehrt diejenigen, die nur wenig Unreines tun, auf dass ihr Leben nicht vergeblich sei. Es wird Menschen geben, die diesen Dharma verstehen. Ich selbst gehe jetzt Richtung *Uruvela*, dort gibt es ein Dorf namens *Senani*. Ich weiß, dass es dort Leute gibt, die nur wenig Staub auf den Augen haben. Zieht auch ihr hin, ihr Mönche, und gebt die Lehre denen, die dafür reif sind."

Dann stand der **Erhabene** auf, nahm seine Bettelschale, legte seine dritte Robe, die er nur an kalten Tagen oder in der Nacht zum Schutze vor Kälte trug, über den Arm und schritt gemessenen Schrittes auf der Straße nach *Uruvela* von dannen.

Die Mönche brachen auch auf, manche - wie der **Buddha** - mit einem bestimmten Ziel, von dem sie zu wissen glaubten, dass dort einsichtige Menschen wohnen, manche andere weniger planvoll.

Eine Bewegung war in Gang gesetzt, die man heute als „Buddhismus" bezeichnet, und die sich allmählich in der Welt ausbreitete. Heute bekennen sich in Deutschland etwa 250.000 Menschen zu **Buddha**, **Dharma** und **Sangha**.

Der Freundeskreis Gleichgesinnter

Es war nur wenige Monate nach Buddhas Erwachen, der Mönchsorden war damals noch jung und es gab noch weniger als 100 Ordinierte, als sich diese Geschichte zutrug. Der Erhabene wanderte zu dieser Zeit gerade von *Benares* nach *Uruvela* und legte eine Rast in einem etwas abgelegenen Wäldchen ein. Er war jedoch offensichtlich nicht der Einzige, den es zu diesem Zeitpunkt in jenes Wäldchen zog.

Denn genau hier traf jetzt auch ein Freundeskreis von 30 Gleichgesinnten ein, um sich hier mit ihren Ehefrauen zu vergnügen. Auch an die Bedürfnisse des einzigen Junggesellen unter ihnen hatten sie gedacht und für diesen eine Prostituierte besorgt.

Das fröhliche Treiben nahm seinen Lauf, es zeigte sich aber, dass die Sache mit der Prostituierten nur so eine mittelgute Idee war, denn diese verfolgte ihre eigene Agenda, nämlich etwas, das man heute als Beischlafdiebstahl bezeichnet. Sie entwand ihrem Galan kurzerhand dessen Besitz und türmte damit. Dieser war außer sich und alarmierte seine Freunde. Gemeinsam durchstöberten sie jetzt das Wäldchen auf der Suche nach der Diebin. Man fand zwar diese nicht, wohl aber den unter einem Baum meditierenden *Buddha*. Den sprachen sie an: „Hoher Herr, habt Ihr vielleicht eine einzelne Frau gesehen, möglicherweise mit einem Bündel?"

Der *Buddha* fragte: „Wieso, was ist denn mit der Frau?" Die jungen Männer erzählten den Vorfall mit knappen Worten.

Dem **Buddha** lag jede falsche moralische Entrüstung fern, und er erkannte an der Wortwahl, dass er es mit verständigen jungen Männern zu tun haben musste, die wohl einfach auf der Suche nach Abwechslung waren, nach etwas, dass ihnen tiefere Befriedigung als das übliche häusliche Leben bieten konnte, daher stellte er ihnen eine überraschende Frage: „Was glaubt ihr, Jungs, was ist besser für euch, dass ihr diese Frau findet oder dass ihr eure Seele sucht?"

Dabei scherte sich der **Buddha** keineswegs darum, dass er selbst die Existenz einer Seele leugnete, denn er wusste, dass die Anhänger der indischen Hauptreligion, des **Brahmanismus**, und praktisch alle anderen Sekten auch, diese als gegeben ansahen, dass also auch seine Gesprächspartner von der Existenz einer Seele ausgingen. Daher war die Antwort der jungen Leute nicht allzu überraschend: „Natürlich dass wir unsere Seele suchen, hoher Herr!"

„Na, dann setzt euch mal hin, denn ich kann euch sagen, wie ihr da vorgehen müsst."

Alsdann führte er sie schrittweise in den **Dharma** ein, zunächst sprach er über freudiges Geben (**dana**), dann leitete er über auf das Gebiet der Ethik und mit geschickten Worten zeigte er ihnen die gefährlichen Folgen der sinnlichen Gier auf und konsequenterweise die Vorteile, welche Entsagung mit sich brächte. Schließlich kam er auf den Kern seiner Lehre zu sprechen, auf das Entstehen in Abhängigkeit von Bedingungen.

Es muss eine mitreißende Darlegung gewesen sein, denn seine Zuhörer waren begeistert: „Oh Herr, wir möchten Ihrem Beispiel folgen, möge uns der Erhabene als Mönche annehmen."

„Kommt und seht selbst," sprach der Buddha, damit war die Ordination vollzogen. So einfach war das im ersten Jahr des neugegründeten Mönchsordens.

Buddhas großer Coup

Inzwischen waren einige Monate seit dem Erwachen des *Buddha* vergangen – und seit seinem Entschluss den *Dharma*, das, was er erkannt hatte, zu verkünden. Einen ersten bedeutenden Erfolg hatte er erzielt, als er im Tierpark vom Isipatana einen Workshop mit jenen Asketen abhielt, mit denen er vor seiner Erleuchtung praktiziert hatte. Er konnte diese nicht nur als Mönche für seinen neuen Orden gewinnen, sondern sie waren im Laufe des *Workshops* alle zur vollständigen Erleuchtung gelangt. Damit war der Beweis erbracht, dass diese schwierige Lehre nicht nur kommuniziert und intellektuell verstanden werden konnte, sondern dass man dadurch zum *Bodhi*, zum Erwachen, gelangen kann, zur vollkommenen Heiligkeit.

Seitdem war der *Buddha* etwas planlos umhergewandert, um mit Leuten zu sprechen und den ein oder anderen als Anhänger zu gewinnen. Er hatte auch weitere Mönche ordiniert, es dürften inzwischen etwa 100 gewesen sein. Allerdings fragte der *Buddha* sich, wie nachhaltig diese Ordinationen waren. Zwar konnte er durch seine bestechende Logik in Verbindung mit seinem rhetorischen Geschick die Menschen begeistern und ihnen die Grundlagen des *Dharma* darlegen, aber ob die so Ordinierten auch langfristig bei der Stange blieben, das war doch höchst fraglich. Unlängst hatte er beispielsweise 30 junge Männer eines Freundeskreises ordiniert, die vorher noch völlig weltlichen Interessen (wie Sexspielchen im Wald) nachgejagt waren. Was würde aus solchen Mönchen werden, wenn sie ohne seine Unterweisungen umherzogen? Würden nicht etliche von ihnen alsbald des entbehrungsreichen Lebens auf der

Landstraße überdrüssig sein und lieber wieder in das Leben eines Haushälters und zu ihren Familien zurückkehren?

Es gab da einerseits die vermutlich nicht besonders nachhaltig Ordinierten des Freundeskreises, andererseits die überaus erfolgreiche Bekehrung der fünf Asketen, von Menschen, die das entbehrungsreiche asketische Leben seit Jahren gewohnt waren. Wäre es nicht effektiver zunächst einen Kern solcher Asketen zu überzeugen, sich seinem Orden anzuschließen? Dann könnte man eine große **Sangha**, eine buddhistische Gemeinschaft, bilden und anschließend weitere Menschen ordinieren, wenn es bereits eine entwickelte **Sangha** gäbe, also eine Kerngruppe, die sich mit dem Leben in der Hauslosigkeit bereits abgefunden und angefreundet hatte und die den neu Dazugekommenen mit Rat und Tat zur Seite stehen konnten..

Zur damaligen Zeit gab es viele solcher Gruppen religiöser Suchender im Gangestal. Unter diesen stach eine große und schon recht lange bestehende Gruppe heraus: die sog. **Flechthaarasketen**. Sie führten von vielen Menschen besuchte Feueropfer durch, hatten aber offensichtlich keine sehr stichhaltige Lehre. Hierin sah der **Buddha** eine geeignete Zielgruppe. Also begab sich der **Erhabene** nach Uruvela, der Gegend, in denen diese **Flechthaarasketen** lebten.

Diese Leute hießen so, weil sie ihre Haare in langen geflochtenen Locken trugen, ähnlich den Rasta-Zöpfen. Sie gliederten sich damals in drei Gruppen, jeder Anführer dieser Gruppen hieß *Kassapa*[23]. Bei der Stadt **Gaya** befand sich *Gaya-Kassapa* mit 200 Asketen, etwas höher am Fluss *Nadi* lagerte *Nadi-Kassapa* mit 300 Asketen und ganz oben in den Bergen von *Uruvela* war *Uruvela-Kassapa*, der Anführer von 500

---

23 Keiner von den dreien ist mit Mahakassapa (Kassapa dem Großen) identisch, der zu den wichtigsten Mönchen zu Zeiten des Buddha gehörte und nach dessen Tod das erste buddhistische Konzil leitete.

Asketen. Da letztere Gruppe die größte der drei war und *Uruvela-Kassapa* der Angesehenste der drei *Kassapas*, hatte der Buddha beschlossen, hierhin zu gehen.

Uruvela-Kassapa wohnte in einer Einsiedelei, bei der es auch ein Feuerhaus gab, darin wurde das heilige Feuer aufbewahrt, das die *Kassapas* für ihre Zeremonien brauchten. Der Buddha, ein heimatloser Wanderer, der jede Nacht woanders schlief, ging also zu *Uruvela-Kassapa* und fragte: „*Kassapa*, wenn es dir recht ist, würde ich gern die Nacht in deinem Feuerhaus verbringen." *Kassapa* antwortete: „Großer Asket, das Feuer wird von einem mächtigen **Naga**fürsten bewacht, einer großen Schlange."

Offensichtlich wusste *Kassapa*, mit wem er es zu tun hatte, denn der **Buddha** hatte sich nicht vorgestellt, wurde von ihm aber mit „großer Asket" angeredet; er sagte natürlich nicht „**Buddha**" oder „**Erhabener**", sonst hätte er ja das **Erwachen** und die Heiligkeit des **Buddha** anerkannt, er nannte ihn jedoch auch nicht bei seinem bürgerlichen Namen, **Siddhārtha Gotama**, sondern brachte ihm mit der Anrede "Großer Asket" schon eine gewisse Anerkennung entgegen.

Der **Buddha** fragte erneut: „*Kassapa*, kann ich diese Nacht in deinem Feuerhaus verbringen?" – „Großer Asket, dieser **Naga**fürst hat einen Giftzahn mit tödlichem Gift." Und abermals fragte der **Buddha**: „*Kassapa*, darf ich im Feuerhaus übernachten?" Nunmehr antwortete der Angesprochene: „Wenn du dennoch willst, ich habe nichts dagegen, aber ich habe dich gewarnt."

Also ging der **Buddha**, unerschrocken, wie das so seine Art war, ins Feuerhaus und baute sich dort aus Gras eine Lagerstatt, auf die er sich dann zur Meditation niedersetzte. Misstrauisch betrachtete der **Naga** den Eindringling, entschied sich dann aber, diesen zunächst zu warnen, also fauchte er und spie eine ziemliche Menge Rauch aus, so steht es im *Pāḷikanon*. Der *Buddha*, für seine Unerschrockenheit bekannt, entschied sich in gleicher Weise zu kommunizieren und stieß eine noch größere Rauchwolke aus. Das allerdings machte den *Naga* sehr wütend und er spie jetzt Feuer, um den *Buddha* zu verletzen. Das Feuer machte diesem jedoch nichts aus, und zur Antwort spie der *Buddha* eine noch größere Menge Feuer aus, wobei er sorgsam darauf achtete, den *Naga* nicht zu verletzen, berichtet der *Pāḷikanon* weiter. Uruvela-Kassapa sah, wie das ganze Feuerhaus erglühte und er dachte sich: „Dieser große Asket war wirklich mutig, aber das dürfte es wohl dann mit ihm gewesen sein."

Am nächsten Morgen jedoch traute *Kassapa* seinen Augen nicht, als er den *Buddha* unverletzt aus dem Feuerhaus kommen sah. Dieser trug seine Bettelschale in der Hand, und darin lag, inzwischen klein, unscheinbar und ausgepowert der nunmehr gar nicht mehr furchterregend aussehende *Naga*. Der *Buddha* sagte: „Da ist übrigens dein *Naga*fürst, scheint heute etwas deprimiert zu sein. Du wirst ihn aufbauen müssen, damit er seiner Rolle als Wächter des Feuers wieder gerecht werden kann. Nächste Nacht schlafe ich wohl woanders, sonst läuft dir dein *Naga*fürst noch aus Verzweiflung fort."

Uruvela-Kassapa wollte das alles nicht wahrhaben, und so dachte er sich: ‚Dieser Asket ist wahrhaft mächtig, aber er ist dennoch kein Heiliger wie ich!' Was die anderen anwesenden *Flechthaarasketen* dachten ist nicht überliefert, aber der *Buddha* dürfte bei ihnen wohl einen ziemlichen Eindruck hinterlassen haben.

Die nächste Nacht verbrachte der Erhabene in einem nahen Wäldchen und *Kassapa* atmete schon auf. Dann in der Nacht jedoch sah der Führer der *Flechthaarasketen*, wie das Wäld-chen in der Dunkelheit in allen Farben leuchtete, was ihm – und sicher auch seine Anhängern sehr merkwürdig, wenn nicht unheimlich vorkam.

Am nächsten Morgen suchte *Uruvela-Kassapa* den Buddha auf: „Sag mal, großer Asket, was war denn das heute Nacht für ein merkwürdiges Leuchten da bei dir im Wäldchen?" Worauf der **Buddha**, der auch den Ehrentitel ‚Lehrer der Götter und Menschen' trug, antwortete: „Ach, eigentlich nichts Besonderes, da kamen nur die *Vier Großkönige*[24] zu mir, um sich in der Lehre unterweisen zu lassen." Und abermals bemächtigte sich Verblendung des Asketenführers und er dachte: ‚Dieser Asket ist wahrhaft mächtig, aber er ist dennoch kein Heiliger wie ich!'

Und auch in der nächsten Nacht ereignete sich Wunderliches. *Uruvela-Kassapa* beobachtete, wie eine helle Lichtsäule vom Himmel auf das Wäldchen niederfuhr und der ganze Hain in hellem Glanz erstrahlte. Er glaubte auch irgendeine Bewegung in der Lichtsäule ausmachen zu können, konnte jedoch nichts erkennen, so gleißend hell war das Licht. Also ging er des morgens wieder zum **Buddha** und fragte: „Sag mal, was war denn das letzte Nacht wieder für ein Spektakel in deinem Wäldchen?" Der **Erhabene** antwortete: „Du hast recht, *Kassapa*, das war diesmal eine Nummer größer, heute Nacht war **Brahma Sahampati** da, um von mir den Dharma dargelegt zu bekommen."[25] Uruvela-Kassapa ging weg, versteifte sich aber darauf: ‚Dieser Asket ist wahrhaft mächtig, er ist aber dennoch kein Heiliger wie ich!'

Dann nahte die Zeit des Feueropfer-Festes, zu der Anhänger des Feuerkultes aus dem ganzen Lande **Magadha** anreisen würden und sogar von jenseits der Landesgrenze. Doch *Uruvela-Kassapa* sah dem Fest diesmal mit gemischten Gefühlen

---

24 Die „Vier Großkönige" galten im alten Indien als ziemlich wichtige Götter.
25 Brahma Sahampati war damals nach Ansicht der meisten Inder der Schöpfer von Himmel und Erde.

entgegen, ihn plagte der Gedanke: ‚Wenn der große Asket dort auftaucht und die Gelegenheit ergreift, Wunder zu wirken, wird sein Ansehen und seine Anhängerschaft steigen, mein Ansehen und meine Anhängerschaft hingegen sinken. Hoffentlich kommt er nicht.‘

Der **Buddha** erkannte die Gedanken des *Kassapa*, und da er kooperative Lösungen – wann immer möglich – konfrontativen vorzog, entschied er sich, nicht zum Opferfest zu gehen, statt dessen zog er es vor in einem weiter entfernten Dorf auf Almosengang zu gehen. So verging der Tag des Opferfestes.

Am darauf folgenden Tag suchte *Uruvela-Kassapa* den **Buddha** auf, der wieder in seinem Wäldchen geschlafen hatte: „Ach, das ist aber schade, dass Ihr gestern zum Feueropferfest nicht da wart, ich hatte so auf Eure Anwesenheit gehofft und einen Ehrenplatz für Euch freigehalten. Nun ja, Ihr werdet Eure Gründe gehabt haben, kommt jetzt zum Essen zu uns.“

„Sicher“, sprach der Buddha, „hatte ich meine Gründe: du hast gefürchtet, ich könnte dort ein Wunder wirken, wodurch dein Ansehen und deine Anhänger abnehmen, meine aber zunehmen. Daher bin ich aus Rücksicht auf dich und zur Respektierung deiner unausgesprochenen Wünsche nicht erschienen.“

Uruvela-Kassapa lief es eiskalt den Rücken herunter, der **Buddha** schien in seinen Gedanken wie in einem Buch lesen zu können. Aber gleich wieder setzte sich bei *Kassapa* ein altes Gewohnheitsmuster durch, und so stieg in ihm wieder Verblendung auf: „Wenn der große **Asket** Gedanken lesen kann, dann ist er wirklich mächtig, aber er ist dennoch kein Heiliger wie ich!“

Nun aber sah der Buddha den Zeitpunkt gekommen, um Klartext zu reden: „Ja, *Kassapa*, du hast in einem Punkt recht, ich kann in der Tat Gedanken lesen. Aber in einem anderen

Punkt irrst du dich gewaltig: du bist kein Heiliger, kein Erleuchteter und kein *Erwachter*, aber ich. Daran ändert auch die Tatsache nichts, dass du immer wieder versuchst, dir das Gegenteil einzureden. Schlimmer noch, *Kassapa*, nichts was du tust, die Feuerzeremonie, die Art, wie du meditierst, die Art, wie du denkst, redest und handelst, ist dazu angetan, dich der Heiligkeit auch nur einen Schritt näher zu bringen. Ich aber, ich könnte dir helfen, wirklich ein Heiliger zu werden!"

Diese klaren Worte erschütterten den bis dahin so verblendeten Kassapa bis ins Mark. Tränen stiegen in seine Augen, und er sank vor dem *Buddha* auf die Knie: „Ihr habt recht, *Erhabener*, nehmt mich bitte als Euren Schüler an, ich bitte Euch um die Ordination in Eurem Orden."

„Nein," sagte der *Buddha*, „so einfach geht das nicht, mein Lieber. Jetzt stiehlst du dich aus deiner Verantwortung. Du hast hier 500 Asketen, die dir gefolgt sind, die an dich glauben, deren Gedeih und Verderb von dir abhängt, die kannst du jetzt nicht einfach hängen lassen. Die musst du um Erlaubnis bitten, ob du mein Anhänger werden kannst, ob du meinem Orden beitreten kannst oder ob ihr so weitermacht wie bisher."

Also blieb *Kassapa* nichts anderes übrig, als für den Abend eine Versammlung aller 500 Asketen, die ihm folgten, einzuberufen. Dort sagte *Uruvela-Kassapa*: „Freunde, ich habe euch lange angeführt, wir haben Opfer dargebracht und uns um den Reinheitswandel bemüht, ihr ebenso wie ich. Dennoch bin ich kein Heiliger wie der *Erhabene*, der Vollkommene, der *Buddha*. Ich würde daher gerne eure Führung aufgeben und dem *Buddha* folgen, er ist derjenigen, der mich, der uns im heiligen Leben anleiten kann. Ich bitte euch, mir das zuzugestehen. Wie ihr euch entscheidet, so soll es geschehen, ich werde mich eurem Entschluss beugen."

Die Asketen waren natürlich über alle Maßen erstaunt über diese Wandlung, allerdings hatten sie mit eigenen Augen in der letzten Zeit gesehen, dass der **Buddha** ihrem Anführer weit überlegen war, so gab es nur ein kurzes, aber heftiges Palaver. Dann ergriff einer von ihnen das Wort: „Freunde, wahrlich groß sind die Fähigkeiten des **Buddha**. Selbst *Kassapa* hat seine Überlegenheit anerkannt und möchte ihm folgen. Freunde, das ist unsere Chance! Lasst uns alle dem **Buddha** folgen, lasst uns von ihm ordiniert werden, er soll unser Lehrer sein, er, der Lehrer der Götter und Menschen, die guten Willens sind!" Er erhielt Beifall und riesige Zustimmung. Dann erhob sich *Kassapa*: „Ist jemand anderer Meinung? Wenn ja, soll er das jetzt sagen, wenn nein, ist der Vorschlag, den **Buddha** um Ordination zu bitten, angenommen." Niemand meldete sich zu Wort.

Nun stand der **Buddha** auf und sprach: „Männer, ihr habt einen weisen Beschluss gefasst und ihr werdet es nicht bereuen. Nun lasst uns nach vorn blicken: morgen Vormittag findet die **Ordination** statt. Sammelt alle eure bisherigen Ritualgegenstände hier auf einem Haufen und besorgt Rasierzeug für die Ordination, denn die Zeiten der **Flechthaarasketen** sind vorüber. Wir haben morgen einiges zu tun!"

Am nächsten Morgen war also erst einmal großes Rasieren angesagt. Allen 500 ehemaligen **Flechthaarasketen** wurde der Kopf geschoren; dann wurden die Zöpfe und die Ritualgegenstände in den Oberlauf des Flusses *Nadi* geworfen, anschließend wurden die neuen Mönche ordiniert.

Weiter unten am Fluss sah *Nadi-Kassapa* voller Entsetzen die Zöpfe und die Ritualgegenstände vorbei schwimmen, und er befürchtete das Schlimmste: ein Pogrom durch Andersgläubige. Also trommelte er seine 300 Asketen zusammen und sagte: „Freunde, etwas Schreckliches ist mit unseren Brüdern in

Uruvela geschehen, lasst uns dort hingehen und nachsehen, ob wir helfen können." Also machten sie sich auf den Weg.

Und auch der **Flechthaarasket** *Gaya-Kassapa* bei der Stadt *Gaya* am Unterlauf des Flusses, sah all diese Ritualgegenstände und Zöpfe im Fluss und so machte auch er sich mit seinen 200 ebenso entsetzten Asketen auf den Weg.

Als alle in *Uruvela* angekommen waren, klärte sich die Sache zwar auf, aber die **Flechthaarasketen**, die das Wirken des **Buddha** nicht verfolgt hatten, waren doch sehr verunsichert. Da bestieg *Nadi-Kassapa* das ehemalige Feuerhaus, in dem nun kein Feuer mehr loderte, und bat um Ruhe. Dann sagte er: *"Uruvela-Kassapa*, du bist der älteste und angesehenste unter uns **Flechthaarasketen** gewesen. Nun aber hast du dich mit deinen 500 Asketen dem **Buddha** angeschlossen. Hand aufs Herz: Bist du dir völlig sicher, dass die Lehre des **Buddha** etwas Besseres ist als das, was wir bislang praktizierten?"

Der Angesprochene antwortete: „Freunde, ich bin mir felsenfest sicher. Der **Buddha** ist ein wahrhaft Vollendeter, er lehrt nicht nur die Menschen, sondern sogar die Götter. Ja, auch die Vier Großkönige und selbst **Brahma Sahampati** sah ich, wie sie sich vom **Buddha** belehren ließen."

Nunmehr wurden auch die 300 Asketen des *Nadi-Kassapa* ebenso wie dieser selbst ordiniert, ebenso *Gaya-Kassapa* und seine 200 Asketen. In den nächsten Tagen saß man am ehemaligen Feuerhaus beisammen, wo der **Buddha** die Grundzüge des **Dharma** darlegte.

Es zeigte sich jedoch bald, dass es schwer war, so viele Menschen in den Bergen von *Uruvela* zu ernähren. Daher richtete der Buddha das Wort an die Mönche: „Ihr Mönche, ihr habt jetzt von der guten Lehre gekostet. Aber ihr habt nicht nur Geist, ihr habt auch einen Körper, und auch der Körper braucht

Nahrung. Lasst uns daher aufbrechen in die Hauptstadt. Auf nach *Rājagṛha*!"

Das begeisterte alle, und mit dem Ruf *„Auf nach Rājagṛha!"* marschierten sie durch **Magadha**. Wo immer sie durchzogen, wussten die Menschen: Hier geschieht Außerordentliches! War das ein Sturm einer neuen Sekte auf die Hauptstadt? Bahnte sich ein Staatsstreich oder eine Revolution an? Andererseits wirkte diese Masse der Asketen zwar begeistert, aber vollkommen friedlich. Nur eines war klar: hier geschieht etwas ganz Großes!

In **Rājagṛha** trafen der **Buddha** und die 1000 Mönche in seinem Gefolge auf den König **Bimbisāra**. Aber das ist eine andere Geschichte.

Buddha und König Bimbisāra

Es war im ersten Jahr nach seinem *Erwachen*, kurz nachdem der Buddha die *Flechthaarasketen* überzeugen konnte, sich seinem Mönchsorden anzuschließen. Nun zog der Erwachte an der Spitze dieser ehemaligen *Flechthaarasketen* – immerhin nicht weniger als 1000 Mann – nach *Rājagṛha*, der Hauptstadt des Fürstentums *Magadha*. Es wirkte fast wie der Triumphzug einer noch jungen Bewegung auf die Hauptstadt zu. Aber es war natürlich ein Zug der Friedfertigen, der Gewaltfreien, ein Zug der noch jungen *Sangha* des *Buddha*. Bei *Rājagṛha* angekommen lagerten die Mönche im *Latthi-Hain* vor der Stadt.

Natürlich war der Marsch der 1000 frommen Männer und ihre Ankunft bei der Hauptstadt das Tagesgespräch; man war sich einig, dass da etwas Unerhörtes vorging und selbstverständlich war auch der *Rājā* von *Magadha*, *Bimbisāra*, informiert, was sich da zutrug. *Bimbisāra* war ein noch junger Herrscher, in der Blüte seiner gerade einmal 30 Jahre - jung und begeisterungsfähig. Überall in der Stadt erzählte man sich, der Mann, der sich der „*Buddha*", der Erwachte, nannte und der im letzten Jahr begonnen hatte, eine eigene Sekte zu schaffen, habe sich mit der tausendköpfigen Gemeinschaft der *Flechthaarasketen* zusammen getan. Irgendetwas wollten sie in der Hauptstadt.

Nun aber lagerte diese große Nicht-Streitmacht, diese neue religiöse Bewegung im Gangestal, dem Quellgebiet der indischen Religionen, direkt vor *Magadha*. Auch der *Rājā* war beeindruckt von der Dynamik der jungen Bewegung. Klar, die *Flechthaarasketen* kannte man seit langem, doch die waren nicht umhergezogen, die lebten stationär in der Gegend um

Uruvela, und dieser **Buddha** war bei ihnen – oder führte er sie sogar an? – der **Buddha**, von dem es hieß, er sei ein Heiliger, ein Vollendeter, ein Lehrer der Menschen und Götter gar, ein unübertroffener Führer der führungsbedürftigen Menschen, die zur Selbstmeisterung bereit seien, einer der den **Dharma**, das ewige Gesetz, verkündete.

Aus allen Teilen der Stadt machten sich die Menschen auf, um zu sehen, was sich da abspielte, und auch **Bimbisāra** machte sich auf seinem Kriegselefanten auf den Weg zum *Latthi*-Hain; der Überlieferung nach sollen es 120.000 Menschen gewesen sein, die sich hier versammelten.

Die Menge teilte sich, um den **Rājā** auf seinem Elefanten durchzulassen. Dieser stieg ab und ging auf die beiden bekannten religiösen Führer zu, auf den **Buddha** und auf **Kassapa**, der als Hohepriester der **Flechthaarasketen** einen Namen hatte. Die drei Herren tauschten die üblichen Höflichkeitsfloskeln aus, dann nahm man Platz. Selbstverständlich stieg beim Publikum die Spannung: War dieser **Buddha** den **Flechthaarasketen** beigetreten, um der Bewegung neuen Schwung zu verleihen, oder war es so, wie einige wissen wollten, dass alle tausend **Flechthaarsaketen** sich dem Erwachten angeschlossen hatten?

Der **Buddha** wusste natürlich, was diese Menschen hier am meisten interessierte, also stand er auf und fragte laut und vernehmlich den früheren Anführer dieser Asketen, den Feuerpriester: *„Kassapa* von *Uruvela*, du warst der Anführer der **Flechthaarsaketen**, derjenigen, die das Feueropfer durchführten. Warum hast du das aufgegeben?"

Da stand *Kassapa* auf und sprach ebenso laut, wie zuvor der **Buddha**: „Die Feueropfer versprechen schöne Sinnesreize, schöne Empfindungen und hübsche Gespielinnen. Ich habe erkannt, dass dies ein niedriges Ansinnen ist. So konnte mich das Feueropfer nicht mehr begeistern. Dann erkannte ich den Hort des Friedens, der frei ist von Sinneslust, ich hatte eine Vision des Absoluten."

Nunmehr verneigte sich *Kassapa* von *Uruvela* tief vor dem **Buddha** und sprach: „ Erhabener **Buddha**, Ihr seid mein Lehrer, ich bin Euer folgsamer Schüler."

Die Sensation für das Publikum war perfekt, man erkannte, wer aus diesem spirituellen Wettstreit sieghaft hervorgegangen war: Der **Buddha** mit seiner kleinen jungen, kaum hundertköpfigen Sangha hatte die zehn Mal so große Gemeinschaft der **Flechthaarasketen** übernommen. Und selbstverständlich begehrte die Menge zu wissen, was denn diese neue Lehre sei, die die Asketen reihenweise zum **Buddha** überlaufen ließ. Nun war es am **Buddha** die Grundzüge des Dharma darzulegen, er schloss mit den Worten: „Alles was entstanden ist, ist zwangsläufig vergänglich."

Alle waren beeindruckt, manche Menschen waren selbstverständlich skeptisch, zumal die meisten von ihnen der **Kaste** der **Brahmanen** angehörten, aber viele von ihnen waren von der Logik des Dargelegten überwältigt und mehrere Zehntausend Menschen, so heißt es, wurden daraufhin Laienanhänger des Buddha.

Nunmehr trat der **Rājā Bimbisāra** vor die Menge und sagte: „Als junger Mann hatte ich fünf Wünsche. <u>Der erste war</u>, einst **Rājā** von **Magadha** zu werden; wie ihr alle wisst, ist dieser Wunsch in Erfüllung gegangen. Aber jetzt werde ich euch auch verraten, was die anderen vier Wünsche waren:

<u>Der zweite Wunsch war:</u> Möge doch in **Magadha** ein voll Erwachter erscheinen.

<u>Der dritte Wunsch:</u> Möge ich Gelegenheit haben, diesen **Erhabenen** aufzusuchen.

112

Der vierte: Möge mir der *Erhabene* die Lehre verkünden.

Diese drei Wünsche sind heute alle in Erfüllung gegangen. Und jetzt zu meinem fünften Wunsch, der war: Möge ich diese Lehre verstehen. Und ich muss sagen, ich hatte heute ein Erlebnis, das war gerade so, als wäre etwas, das auf dem Kopf gestanden hat, auf die Füße gestellt worden, als wäre Licht in der Dunkelheit erschienen, als wäre mir, einem Verirrten, der Weg gewiesen worden."

Und damit wandte sich der Herrscher direkt an den *Buddha*, allerdings mit so lauter Stimme, dass die Menge ihn vernehmen konnte: „*Erhabener*, Ihr habt mir den Weg gewiesen, ich habe Eure Lehre verstanden, möge mich der *Erhabene* für alle Zeiten als seinen Laienanhänger annehmen." Der Buddha kam diesem Wunsch nach und das Volk applaudierte.

Anschließend lud der *Rājā* den *Buddha* und die gesamte Mönchsgemeinde für den nächsten Tag zum Essen in die Gärten des Palastes ein. Es folgte ein geschäftiger Abend bei Hofe und eine lange Nacht der Vorbereitungen. Am kommenden Vormittag schickte *Bimbisāra* einen Boten in den *Latthi*-Hain: „Das Mahl ist zubereitet."

So gingen der *Buddha* und die gesamte tausendköpfige *Sangha* in den Fürstenhof und speisten dort. Als das Mahl beendet war stieg *Bimbisāra* der Gedanke auf: Wo könnte der *Erhabene* hier weilen? Es müsste ein Platz unweit der Siedlung sein, aber doch so weit entfernt, dass die Mönchssangha nicht gestört wird, eine Stelle mit wenig Lärm, in Abgeschiedenheit.

Also stand *Bimbisāra* auf, nahm einen goldenen Wasserkrug und überreichte ihn dem Erhabenen mit den Worten: „Von nun an soll der Bambushain im Park dem Orden des *Erhabenen* gehören!"

Zum Dank hielt der **Buddha** noch eine Lehrrede, dann sagte er: „Mönche, gehen wir in unseren Bambushain.“

Das erste buddhistische **Retreat**zentrum war damit entstanden, ein Ort wo Mönche sich während der Regenzeit zum **Retreat**, zu Meditation und buddhistischen **Workshops** zusammenfanden, um immer tiefer in den **Dharma** einzudringen.

Buddhas Rückkehr nach Kapilavatthu

Prinz **Siddhārtha** hatte im Alter von 28 Jahren seine Heimatstadt **Kapilavatthu**, die Hauptstadt des Landes *Śākya* verlassen. Acht Jahre war er umhergezogen, bis er das erreicht hatte, was wir heute meist „Erleuchtung" nennen, vom Buddha aber als *„Erwachen"* (pali: *bodhi*) bezeichnet wurde. In den folgenden beiden Jahren hatte er bereits zahlreiche Anhänger gefunden. Die **Sangha** des Buddha war inzwischen eine der größten religiösen Sammlungsbewegungen an Indiens heiligem Fluss, dem Ganges, also dort, wo die Wiege so vieler spiritueller Traditionen ist.

Zwei Jahre nach seinem **Erwachen**, also zehn Jahre nach seinem Auszug aus **Kapilavatthu** kam der **Erhabene** erstmals wieder in seine alte Heimat zurück. Dies war allerdings kein allzu freudiges Wiedersehen, die Menschen waren keineswegs begeistert, ihn in der Mönchsrobe zu sehen.

Er, der einmal als künftiger **Rājā** galt, der vielleicht sogar der Hoffnungsträger der jüngeren Generation war, hatte sein Land im Stich gelassen. Die Adels**kaste**, der **Siddhārtha** angehörte, wird mitunter auch als „Krieger**kaste**" bezeichnet. Man kann also mit Fug und Recht sagen, dass ihm der Makel eines Deserteurs anhaftete. Daher waren die Bewohner **Kapilavatthus** von äußerster Zurückhaltung, als der Ex-Prinz und jetzige Mönch auftauchte. Natürlich hatte man schon gehört, **Siddhārtha** sei unweit der Stadt gesehen worden, sodass es eine verhaltene Neugier gab. Allerdings begegneten ihm die

Menschen zumeist mit steifer Förmlichkeit, nicht wenige zeigten sogar offene Ablehnung.

Diese anfängliche Zurückhaltung und Reserviertheit legte sich jedoch allmählich, denn der **Buddha** schien keineswegs bedrückt von der anfänglich spürbaren Distanz der Menschen, vielmehr beeindruckte er durch die Positivität, diese unvergleichliche liebevolle Güte, die er ausstrahlte. Und wann immer der **Buddha** sich zu irgendetwas äußerte, waren die Leute von der tiefgründigen Weisheit seiner Worte überrascht, überwältigt und beeindruckt. Und so kam es, dass sie sich schon bald um ihn sammelten, um seinen Lehren zu lauschen, um die Ruhe und den Frieden auf sich wirken zu lassen, die von ihm ausgingen, oder einfach, um seine beeindruckende Anwesenheit zu genießen und um mit ihm zu meditieren. So kam es, dass der **Buddha** schon bald etliche Anhänger unter ihnen hatte, viele baten, als seine Schüler angenommen zu werden.

Zahlreiche dieser neuen Anhänger des **Buddha** kamen aus dessen eigener Großfamilie, den **Gotamas**, aber ihm schlossen sich auch zahlreiche Menschen anderer nobler Familien an, meist aus dem Adel, aber auch aus den anderen angesehenen **Kasten**. So kam es, dass viele junge Männer sich entschlossen, sich als heimatlose Wanderer dem **Buddha** anzuschließen. Was einst mit dem klammheimlichen Davonziehen des Prinzen **Siddhārtha** begonnen hatte, war zu einer breiten Aussteigerbewegung geworden. Die Menschen spürten, dass hier etwas geschah, was nicht alle Jahrhunderte vorkommt.

Als der **Buddha** sich dann nach einigen Wochen entschied weiterzuziehen, waren viele junge Männer bereits in einfachen Mönchsroben gekleidet, trugen Bettelstab und Bettelschale bei sich. Kaum war der **Buddha** mit seinem Gefolge abgereist, da war die Hauptstadt zu etwas anderem geworden, es fehlte ihr etwas, **Kapilavatthu** fühlte sich irgendwie leer an und den

Menschen war klar, dass es hier nie wieder so sein würde, wie zuvor.

So ging es auch dem Prinzen *Mahanama*, der nachdenklich in seinem Palais saß. „Niemand aus meiner edlen Familie hat sich dem Buddha angeschlossen und hat das heimatlose Leben als Schüler des Erhabenen aufgenommen, obwohl aus fast jeder anderen angesehenen Familie mindestens ein Sohn dem Erleuchteten als Mönch gefolgt ist,“ sagte sich *Mahanama* und war traurig darüber, dass diese Ehre, diese Auszeichnung niemandem seiner Familie zuteil wurde. Er selbst hatte Frau und Kinder, außerdem oblag es ihm als Erstgeborenen, sich um seine verwitwete Mutter zu kümmern. Er entschloss sich, mit seinem Bruder **Anuruddha** genau darüber zu sprechen. Dieser war, so muss man wissen, alleinstehend und hatte nur wenige Verpflichtungen. Daher schlug *Mahanama* seinem Bruder vor, ernsthaft in Erwägung zu ziehen, dem Buddha zu folgen.

Anuruddha war ein junger Mann, der bislang ein heiteres, vergnügliches Leben geführt hatte, ihm hing sogar so etwas wie der Ruf an, ein Playboy zu sein, und man kann mit Fug und Recht sagen, dass er alles andere als begeistert war von der Idee seines älteren Bruders. Doch *Mahanama* sprach mit Engelszungen: „Wie gern würde ich dem Erhabenen folgen! Doch ich kann weder unsere Mutter im Stich lassen noch meine Frau und die Kinder. **Anuruddha**, du weißt um die zahlreichen Verpflichtungen, die ich eingegangen bin. Du aber, **Anuruddha**, hast das ungeheuer große Glück, solcher Verpflichtung ledig zu sein, du hast die Chance, dem größten Weisen des Jahrtausends zu folgen und zu deinem Segen und zum Wohl aller Wesen das zu erlangen, was der **Buddha** erreicht hat, unter seiner weisen Führung hast du die Chance, all das zu überwinden, was auch der **Buddha** selbst überwunden hat. Mein Bruder, du hast das Glück, dass aus dir ein großer Weiser wird, ein Heiliger, so eine Chance hat man vielleicht nicht einmal alle tausend Leben!“

Der so Angesprochene wurde überzeugt, dass es eine gewaltige Fehlentscheidung wäre, diese Chance nicht zu ergreifen: „Ja, Bruder, du hast recht, ich werde das Glück nur finden können, wenn ich diese einmalige Chance ergreife und dem **Erhabenen** folge. Ich könnte mir nie verzeihen, wenn ich diese Gunst des Schicksals ausschlüge!"

Also tat **Anuruddha** das, was jeder gute indische Sohn in dieser Zeit in einem solchen Fall zu tun hat: er ging zu seiner Mutter, um sie um die Erlaubnis zu bitten, dem **Buddha** zu folgen. Die war allerdings alles andere als begeistert darüber: „Was, du willst wie so viele andere auch deine Mutter im Stich lassen, von Haus und Hof wegziehen? Das kommt überhaupt nicht in Frage!" Jetzt also war es an **Anuruddha**, seine Mutter zu überzeugen, was sich aber als ungleich schwieriger darstellte, und so flehte er immer mehr. Da kam der Mutter eine Idee: „Nun gut, **Anuruddha**, ich will es dir unter einer Bedingung zugestehen. Du darfst dem Buddha folgen, allerdings nur, wenn auch dein Freund *Bhaddiya* mitzieht. Ich will dich nicht allein und ohne Schutz in der Fremde wissen."

Bhaddiya war, wie *Mahanama*, ein Prinz, also der Erstgeborene einer Adelsfamilie. Nach dem Tode seines Vaters war er in den Staatsrat von *Śākya* aufgerückt und somit einer der führenden Staatsmänner. **Anuruddhas** Mutter konnte also davon ausgehen, dass eine solche Führungsfigur mit Sicherheit nicht einem Bettelmönch nachliefe. Er würde keinen Gedanken an so etwas verschwenden, sicher würde er **Anuruddha** einfach nur auslachen. Dann würde ihr Sohn schon den törichten Gedanken, einem Bettler hinterherzurennen, fallen lassen. Und damit hätte sich das missliche Thema erledigt, dachte sie.

Anuruddha allerdings begab sich schnurstracks zu seinem Freund, und kaum dass er dort angelangt war, ergiff **Anuruddha** *Bhaddiyas* Hände und erklärte feierlich: „Mein Freund, meine Zukunft liegt einzig in deinen Händen." So hatte *Bhaddiya* seinen Freund noch nie erlebt und er erkannte, dass etwas ganz Außergewöhnliches mit diesem jungen Mann geschehen sein musste. Ohne einen Gedanken zu verschwenden erklärte er: „Ich will deinem Glück nicht im Wege stehen. Du und ich, wir werden..." Doch in diesem Augenblick bemerkte er, was zu sagen er da im Begriff war! Abrupt hielt er inne und besann sich. „Selbstverständlich musst du gehen, wenn dies dein fester Wille und dein unumstößlicher Entschluss ist. Ich wünsche dir alles Glück der Welt!"

Anuruddha bemerkte den plötzlichen Kurswechsel seines Freundes: *„Bhaddiya*, mein Freund, lass uns zusammen gehen!"

„Aber ***Anuruddha***, das geht doch nicht, die *Śākyas* haben mich in den Staatsrat gewählt, wie du weißt. Ich will gern alles andere für dich tun, aber das geht nicht. Zieh du mit dem Buddha, mein Freund."

„Meine Mutter hat aber ganz klar gesagt, ich darf nur gehen, wenn du auch mitkommst. Und du hast ebenso klar gesagt, du würdest meinem Glück nicht im Wege stehen, also lass uns gemeinsam dem Buddha folgen!"

Nun waren die *Śākyas* dafür bekannt, ein gegebenes Wort niemals zu brechen, das war Ehrensache. Und *Bhaddiya* hatte in der Tat gesagt, er würde dem Glück seines Freundes, der in die Hauslosigkeit gehen wollte, nicht im Wege stehen. Es war also eine Frage von Ehre oder Gesichtsverlust, sein Wort zu halten. *Bhaddiya* fand sich in einer äußerst misslichen Lage, und versuchte es mit einem Kompromiss.

„In Ordnung, mein Freund, lass uns sieben Jahre warten, in dieser Zeit wickle ich alle nötigen Geschäfte ab, dann werden wir zusammen losziehen."

„Das ist viel zu lang, völlig unmöglich, *Bhaddiya!*" und es entspann sich so etwas wie ein orientalisches Feilschen um die zu verstreichende Zeit. Und man muss sagen, dass **Anuruddha** einen ausgezeichneten Basarhändler abgegeben hätte.

Schließlich fand sich *Bhaddiya* auf Knien nieder: „**Anuruddha**: Sieben Tage! Gib mir sieben Tage, um meine Pflichten an meine Kinder und meine Brüder zu übergeben, dann werden wir dem **Buddha** folgen." Er bot dem Freund die Hand, und der schlug ein. Das waren sieben Tage, in denen **Anuruddha** und auch *Mahanama* geschäftig waren, mit weiteren Männern aus edlen Familien zu sprechen. Und nach diesen sieben Tagen gingen *Bhaddiya* und **Anurudha** zusammen mit vier weiteren Prinzen, nämlich **Ānanda**, *Bhagu*, *Kimbila* und **Devadatta** an der Spitze einer Kompanie Soldaten weg. Die Truppe marschierte durch die Stadt und nicht wenige der älteren Einwohner dachten; endlich ginge das Leben wieder seinen normalen Gang. Dieser Buddha ist wieder weg und es werden wieder ganz alltägliche Manöver abgehalten, Normalität ist wieder eingetreten.

Doch als sie in genügender Entfernung von der Hauptstadt waren, befahlen die Adligen ihren Soldaten, allein nach **Kapila-vatthu** zurückzumarschieren. Lediglich einen dieser Männer, den wehrpflichtigen Barbier *Upāli* nahmen sie mit bis zum Grenzfluss des **Śākya**-Landes. Dort angekommen legten die Prinzen ihre Insignien, die sie als Mitglieder des Adels aus-wiesen, ab, wickelten sie in einen Mantel ein, und beauftragten *Upāli*, dies in die Hauptstadt zurückzubringen und dort mitzuteilen, dass sich die Prinzen dem **Buddha** anschließen würden. Dann durchwateten sie den Fluss.

Upāli folgte zunächst, so verwundert er auch war, dem Befehl. Er reflektierte jedoch das Vorgefallene und plötzlich sah er die Risiken. „Die meisten Leute waren froh, dass der **Buddha** wieder weg ist. Sie sind aber wütend, dass ihm so viele gefolgt sind. Wenn ich jetzt komme und ihnen die Nachricht bringe, dass sieben hohe Offiziere desertiert sind, werden sie mich als ihren Unterstützer haftbar machen. Das kann mich den Kopf kosten!" So machte er kehrt und beeilte sich, den Prinzen zu folgen. Er berichtete, warum er nicht zurückwollte. Nachdenklich nickte *Bhaddiya*: „Dann komm mit!"

Gemeinsam zogen sie weiter und schließlich holten sie nach wenigen Tagen auch den **Buddha** ein. Ihm zu folgen, war nicht allzu schwer, denn wo immer der **Buddha** entlang gegangen war, war er <u>das</u> Gesprächsthema der Menschen gewesen, und diese zeigten ihnen bereitwillig, wo der **Erhabene** entlang gegangen war. Als die Ex-Prinzen den **Buddha** eingeholt hatten, baten sie ihn um Aufnahme in den Orden, um seine Schüler zu werden, lächelnd stimmte der **Buddha** zu. „Eine Bitte noch, Herr," sagte **Anuruddha**, „würdet ihr bitte *Upāli* als ersten ordinieren." Wissend und anerkennend nickte der Buddha, er wusste sofort, was **Anuruddha** damit erreichen wollte, also ordinierte er *Upāli* noch vor den sechs Ex-Prinzen.

Upāli war zuletzt Diener der Prinzen, außerdem gehörte er einer niedrigeren Kaste an, doch da die später Ordinierten gegenüber den Ordensälteren Respekt zeigen müssen, war es für deren ungezügelten **Śākya**-Stolz nur gut, wenn sie künftig zu dem ehemaligen Barbier aus einer niederen Kaste aufblicken müssen.

Buddhas beide Hauptjünger

Im Laufe der Jahre hatte der **Buddha** Hunderte von Mönchen ordiniert und diese Erfahrensten unter ihnen hatten wiederum andere ordiniert, sodass Tausende buddhistischer Mönche durch Nordindien streiften.

Es gab inzwischen auch einen Nonnenorden. Dieser arbeitete selbständig, denn da Indien damals patriarchalisch organisiert war und die Leute das Patriarchat internalisiert hatten, wäre ein gemeinsamer Orden aufgrund der Sozialisation der Mönche und Nonnen, die teilweise noch nicht sehr lange praktiziert hatten, automatisch vom Überlegenheitsdünkel zahlreicher Mönche und dem anerzogenen subalternen Verhalten vieler Nonnen geprägt gewesen. Um dies zu vermeiden, und natürlich auch um zu verhindern, dass sich Mönche und Nonnen ineinander verliebten und dadurch vom Pfad des heiligen Wandels abkamen, waren beide Orden streng getrennt. Das hatte den Vorteil, dass die Nonnen alle Belange in Eigenregie lösten, ohne von den unter anderem zahlenmäßig überlegenen Mönchen dominiert zu werden. So unterlag auch die Nonnenordination allein dem Nonnenorden, der alle seine Belange in Eigenregie (und damit ohne männliche Bevormundung) löste.[26]

Bei einem inzwischen so großen Orden wie dem Mönchsorden und angesichts der Tatsache, dass nur eine Minderheit der Mönche so fortgeschritten waren, das sie selbst als **Arahats** oder zumindest **Stromeingetretene** waren, ist es selbstverständlich, dass der Buddha nicht mit allen Mönchen gleich

---

26 Über die erste Nonnenordination und die Prozesse, die zu dieser Ordination führten, habe ich im Band 1 dieser Buchreihe berichtet, das entsprechende Kapitel heißt „Frauen in den Orden".

intensive Kontakte pflegen konnte, sondern seine engeren Kontakte auf die erfahrensten Mönche beschränkt waren. Aber auch andere Mönche und Laien (beiderlei Geschlechts) konnten beim Buddha einen Termin ausmachen, dazu wendeten sie sich in späteren Jahren an seinen Freund und Sekretär *Ānanda*, dem einzigen Nichterleuchteten im engeren Umfeld des Buddha.

Zwei der Jünger des Erhabenen gelten als die „Hauptjünger Buddhas", nämlich *Sāriputta* und *Moggallāna*, der im Unterschied zu einigen anderen Mönchen mit gleichem Namen in Buddhas Mönchsgemeinde, als *„Mahamoggallāna"* bezeichnet wird, also als „Moggallāna der Große". Der Ausdruck „Jünger" bedeutet so etwas wie hervorragende, wichtige Schüler, er heißt nicht, dass diese Personen an Lebensjahren jünger waren als der Buddha. Aber lasst uns erst einmal ansehen, wie diese beiden zu den Hauptjüngern des Buddha wurden.

Sāriputta und *Moggallāna* waren ziemlich genau so alt wie der *Buddha*, waren allerdings im Gegensatz zu diesem aus der *Brahmanenkaste*. *Moggallāna* hieß vor seiner Ordination eigentlich Kolita, *Moggallāna* war vielmehr der Clanname des Stammes, aus dem er stammte, und dieser Name leitete sich wiederum vom Namen des alten vedischen Sehers *Mudgala* ab. Die *Brahmanen* aus diesem Clan galten als extrem konservativ. Der Knabe Kolita, den ich aus Gründen der Vereinfachung und der Klarheit jetzt immer als *Moggallāna* bezeichne, stammte also aus einer einflussreichen Familie. Und diese Familie war bereits seit sieben Generationen[27] mit einer Brahmanenfamilie aus dem Nachbarort befreundet. Und siehe da, in dieser befreundeten Familie wurde am gleichen Tag ebenfalls ein Sohn geboren, den die Familie *Upatissa* nannte. Ich aber werde ihn hier unter seinem späteren Ordensnamen einführen: *Sāriputta*, also der andere der beiden späteren Hauptjünger des *Buddha*.

---

27 Die Verwendung der heiligen Zahl „sieben" verweist darauf, dass dies als bedeutend angesehen wird. Auf jeden Fall dürfte es heißen „seit mehreren Generationen".

Die beiden Knaben befreundeten sich, und ihre Freundschaft sollte 80 Jahre anhalten, bis zu ihrem Tode. Im jugendlichen Alter wurden beide Anführer einer **peergroup** von jungen Männern aus dem jeweiligen Ort und selbstverständlich unternahmen beide Jugendgruppen häufig gemeinsam etwas. So besuchten sie z. B. zusammen ein großes Festival, das Hügelfest in **Rājagṛha**, dem heutigen *Rajgir*, damals die Hauptstadt des Königreiches **Magadha**. Heute ist dort der indische Bundesstaat *Bihar*. Während die beiden anfangs noch sehr viel Spaß an den Volksbelustigungen hatten, bemächtigte sich ihrer doch alsbald ein Gefühl tiefer Unzufriedenheit ob dieser seichten, oberflächlichen Art der Unterhaltung.

Und am dritten Tag des diesjährigen Festivals thematisierten sie dieses Unbehagen und stellten fest, dass sie da zu einer völlig ähnlichen Einschätzung kamen. **Moggallāna** fragte seinen Freund: „Sag mal, **Sāriputta**, was ist eigentlich mit dir los, du wirkst längst nicht mehr so heiter wie sonst, bedrückt dich irgendetwas?"

Dieser antwortete: „Weißt du **Moggallāna**, ich habe heute Nacht lange wach gelegen und mich gefragt: Was soll der ganze Unsinn, den wir hier treiben? Das ist doch alles hohler Kram, nur Lustbarkeiten für Auge, Ohr und den Gaumen. Auf diese Art vergeuden wir unser Leben. Wir verhalten uns wie Toren! Sollten wir nicht statt diesen vergänglichen Freuden nach dem Wahren, Schönen, Guten suchen?"

Moggallāna wurde plötzlich ganz aufgeregt: „Genau so ist es mir auch gegangen. Es gibt spirituelle Sucher in diesem Land, die nach der großen Befreiung suchen, nach Freiheit von den körperlichen Lustbarkeiten und Bedrängnissen, nach einem Leben jenseits von Freud und Leid, jenseits von Gewinnsucht und Verlustangst, jenseits der Jagd nach Ruhm und der Angst vor Schande, jenseits der Sucht nach Lob und Anerkennung und der Furcht vor Tadel und Missachtung durch die Gruppe."

Nun muss wann wissen, dass es unter der Jugend Nordindiens damals so etwas wie eine religiöse Aufbruchstimmung gab. Viele junge Menschen waren mit den alten Ritualen und der vedischen Tradition der **Brahmanen** unzufrieden, waren deren Hohlheit überdrüssig, ähnlich wie heute in Europa viele Menschen von den Ritualen, der befremdlichen Sprache und dem unheiligen Verhalten vieler Kirchenmänner enttäuscht sind.

Es gab damals neben dieser alteingesessenen Religion des **Brahmanismus** (der heutige Name dafür ist Hinduismus) unzählige religiöse Sucher, zahlreiche *Sadhus*, sog. heilige Männer, die umherzogen und die als **Gurus** Schüler um sich scharten. Und so beschlossen auch unsere beiden Freunde sich diesen *śramaṇeras*, diesen religiösen Suchern anzuschließen. Also schnitten sie sich die Haare, nachdem sie sich von ihren Familien verabschiedet hatten und zogen die safranfarbenen Roben an, damit legten sie die religiöse Würde der Brahmanen ab und begaben sich in die klassenlose Gesellschaft der *śramaṇeras*.

Die meisten Lehren, die damals auf dem spirituellen Markt angeboten wurden, waren genauso hohl und leer, wie das, was wir heute angeboten bekommen. Es gab Materialismus, Dämonismus, Amoralismus, Fatalismus usw. Nach einigem Herumschauen schlossen sie sich einem Guru namens *Sanjaya* an, der eine Schule des Skepitizismus leitete. Vermutlich war das, was sie dort anzog, dass es keinen Dogmatismus gab, sondern kritisches Hinterfragen. Nach einiger Zeit bemerkten sie jedoch, dass da zwar viel in Frage gestellt wurde, dass es jedoch der Antworten ermangelte. Vom vorsichtigen Skeptizismus geprägt aber weiter auf der Suche nach der Wahrheit zogen sie noch viele Jahre umher, und suchten den Sinn des Lebens und das Todlose, also das Unvergängliche.

Als sie ungefähr vierzig Jahre alt waren, beschlossen sie sich zu trennen, um auf diese Weise ihre Chancen zu verdoppeln, einen wahrhaft erleuchteten Meister zu finden. Das war kurz nach der Zeit, in der aus *Siddhārtha Gotama* ein *Buddha*, ein Erwachter, geworden war. Der *Buddha* hatte seine Lehrtätigkeit aufgenommen und hatte in den ersten Monaten bereits sechzig Schüler zur Erleuchtung geführt, die er anschließend ausgesandt hatte, um den *Dharma* weiterzugeben.

Eines Tages wunderte sich *Moggallāna*, als er seinen Freund *Sāriputta* hell strahlend aus der Stadt zurückkommen sah. „Was ist mir dir?" fragte er ihn, „Du siehst aus, als habest du das Todlose gefunden, hast du etwa einen erleuchteten Meister gefunden?"

„Das nicht", antwortete ihm *Sāriputta*, „aber ich habe einen Mann namens *Assaji* getroffen, der voller strahlender Weisheit ist, dass ich ihn für einen hochentwickelten Lehrer hielt. Er aber sagte, er könne die Lehre noch nicht gut darlegen, aber sein Meister sei ein vollkommen Erwachter und er hat mich mit einem einzigen Vers überzeugt."

Nun, uns, die wir nicht wie diese beiden Freunde zwanzig Jahre auf der Suche waren, mag dieser Vers nicht bedeutend erscheinen, aber für *Sāriputta* und *Moggallāna* war er der Fingerzeig auf etwas ungemein Bedeutendes. Der Vers lautet:

> *Von den Dingen, die bedingt entstehen,*
>
> *gibt der **Erwachte** den Grund an,*
>
> *und auch wie ihr Schwinden vor sich geht:*
>
> *das ist die Lehre des großen Asketen.*

Mit anderen Worten: der *Buddha* lehrt über das Vergängliche, das dem Tod Unterworfene, und er sagt auch, wie man dieser Vergänglichkeit entrinnen kann. *Moggallāna* war sofort klar, dass die Unzufriedenheit, die sie vor mehr als 20 Jahren auf die Suche brachte, dass diese Unzufriedenheit letztlich in Abhängigkeit von bestimmten Bedingungen entstanden war, und wenn der Buddha wusste, wie diese schwinden würde, dann hatte er tatsächlich die große Frage nach dem Sinn des Lebens gelöst. Also machten sich die beiden auf den Weg, nicht zuerst zum *Buddha*, sondern zu ihrem früheren Lehrer des Skeptizismus, *Sanjaya*, den sie jedoch nicht überzeugen konnten, mit ihnen zum Buddha zu gehen, denn er fürchtet seinen Ansehensverlust, wenn er, der als Meister Angesehene, wieder zum Schüler würde.

Allerdings schlossen sich zahlreiche, den Berichten nach etwa 250, von *Sanjayas* Schülern den beiden an. Inzwischen hatte der Buddha bereits über 1000 Schüler und auch König *Bimbisāra*, der Herrscher von *Maghada*, war *Buddhas* Schüler geworden und hatte der jungen Mönchsgemeinde das Bambushain-Kloster bei *Rājagṛha* eingerichtet. Dorthin gingen *Moggallāna* und *Sāriputta* mit ihren 250 Gefolgsmännern. Als der Buddha sie kommen sah, sagte er zu den umstehenden Mönchen. „Seht nur, da kommen meine beiden Hauptjünger." Diese verbeugten sich vor dem Buddha und baten um Ordination, worauf der *Buddha* antwortete: Kommt meine Mönche, wohl verkündet ist die Lehre. Lebt ein heiliges Leben, um dem Leiden für immer ein Ende zu bereiten."

Damit waren zu dieser frühen Zeit der buddhistischen *Sangha* die gesamten Formalitäten bereits erledigt und *Moggallāna*, *Sāriputta* und all die anderen waren ordiniert. *Sāriputta* zog sich in eine Höhle zur Meditation zurück und war zwei Wochen später ein *Heiliger*, ein *Erwachter* geworden. *Moggallāna* zog sich in einem Wald zurück, wo er Sitz- und Gehmeditation übte. Er hatte zunächst erhebliche Probleme mit der Meditation, doch der Buddha nahm sich die Zeit und belehrte ihn hinsichtlich seiner Meditationshindernisse und wie er diese überwinden könnte.[28]

---

28 Ich gehe hier darauf nicht näher ein, die Geschichte findet sich im Band 6 dieser Reihe im Kapitel „Die fünf Hindernisse".

Moggallāna wurde dank der weisen Führung des Buddha zu einem wahren Meister der Meditation. Solange der Buddha lebte, gab es nur drei Männer, die ihn bei Lehrreden vertreten durften, sein Freund und Sekretär *Ānanda* und seine beiden Hauptjünger, die verschiedene Aufgaben im Orden wahrnahmen. *Sāriputta* bereitete die Novizen und Mönche auf den Stromeintritt vor, also den Punkt, von dem an das Erreichen der Heiligkeit vorprogrammiert war und *Moggallāna* führt sie dann zum höchsten Ziel. *Sāriputta* legte den Schwerpunkt auf die Entwicklung der Weisheit, während in der Schulung *Moggallānas* der Schwerpunkt auf der meditativen Erlösung des Geistes lag.

Moggallāna galt außerdem als großer Meister der psychischen und paranormalen Fähigkeiten. Zwar wurde der Buddha nicht müde darauf hinzuweisen, dass das „Wunder der Lehre" viel wichtiger sei als irgendwelche psychischen Wunderkräfte, so wurden diese jedoch nicht geleugnet. Sie waren aber nicht Ziel der Bemühungen, sondern eher ein Abfallprodukt. Sehen wir uns dennoch einige dieser paranormalen magischen Fähigkeiten an, die zwar unwesentlich sind, aber von *Moggallāna* und anderen beherrscht wurden.

Die meisten der Erleuchteten beherrschten nur ein oder zwei dieser Kräfte, *Moggallāna* jedoch alle sechs und er übertraf damit sogar noch die Nonne *Uppalavanna*, die innerhalb der Bhikkhunis, der Nonnen, an der Spitze der Frauen mit parapsychischen Fähigkeiten stand. Da gibt es:

1. **dibba sota dhātu ñāna**, das Wissen um das göttliche Ohrelement, also „Hellhören"; mittels dieser Kraft kann man nicht nur das Hören, was an anderer Stelle gesagt wird, es ist auch möglich, die Stimmen nichtmenschlicher Wesen zu verstehen.

2. **dibbha-cakkhu cutūpāta-ñāna**, das Wissen um das göttliche Sehelement; auf diese Art sieht man, wie die Wesen in Abhängigkeit von ihrem *Karma* dahinscheiden und wiederentstehen.

3. **iddhividha-ñāna**, das Wissen von den Arten der psychischen Kräfte, mit deren Hilfe man unsichtbar werden kann, durch Wände gehen kann oder sich vervielfältigen kann, sodass man polyquitär ist, also an verschiedenen Orten gleichzeitig; zu dieser Fähigkeit gehört selbstverständlich auch Telekinese.

4. **parassa ceto-pariya-ñāna**, das Durchschauen der Herzen anderer, d. h. man kann Gedanken lesen.

5. **pubbe nivāsānussati**, also die Erinnerung an Existenzen in früheren Leben.

6. **āsavakkhaya-ñāna**, das ist das Wissen um die Triebversiegung und ist gleichbedeutend mit Heiligkeit.

Die ersten fünf Punkte sind nicht besonders wichtig, sie sind gewissermaßen Abfallprodukte der spirituellen Übungen, allerdings können sie demjenigen, der ihrer teilhaftig wird, ablenken, er oder sie kann sich etwas darauf einbilden, man kann so vom eigentlichen Ziel abgelenkt werden, es besteht also die Gefahr, dass man durch die paranormalen Kräfte verleitet auf ein Nebengleis geleitet wird, in einer Sackgasse endet: Abstellgleis David Copperfield.

Die ersten fünf paranormalen Fähigkeiten zu entwickeln ist möglich, wenn man die ersten vier *jhanas*, die vier meditativen Vertiefungen erreicht hat.[29] Dann ist der Geist befreit von Beschmutzungen durch Stimmungen und es öffnet sich ein Tor, das die Entwicklung dieser Fähigkeiten ermöglicht, evtl. treten

---

29 Die *jhanas* habe ich ausführlich an Band 6 dieser Reihe „Meditation und buddhistische Ethik" behandelt.

sie auch spontan auf, schließlich hat das Universum wesentlich mehr Dimensionen, als uns unsere Schulweisheit lehrt und als wir sie als Menschen benötigen. Hierzu ist meditative Konzentration, aber keine Einsicht nötig.

Gewissermaßen ist die Erreichung des vierten *jhana*, der vierten meditativen Vertiefung, der Punkt, an dem man sich in drei verschiedene Richtungen weiter entwickeln kann: man kann die fünfte bis achte meditative Vertiefung anstreben, wie das der Buddha unter Einfluss seiner früheren Lehrer **Alāra Kālāma** und **Uddaka Rāmaputta** tat, man kann als zweite Möglichkeit die paranormalen Fähigkeiten anstreben, also ein Magier werden oder man kann drittens *vipassanā* anstreben, Einsicht. Wenn man sich für die dritte Möglichkeit entscheidet, dann kann man zum **Erwachen** kommen, dann kann man die Heiligkeit erreichen, dann entwickelt man *āsavakkhaya-ñāna*, was das Ziel des buddhistischen Pfades ist, der Eintritt ins Nirwana. *āsavakkhaya-ñāna* bedeutet Wissen um die Zerstörung der *āsava*, der Triebe, dies sind vier Triebe, bei deren völliger Überwindung man im Nirwana angelangt ist, im Einzelnen sind das:

- Sinnlichkeitstrieb (*kāmāsava*),
- Daseinstrieb (*bhavāsava*),
- Ansichtstrieb (*ditthāsava*),
- Unwissenheitstrieb (*avijjāsava*).

Wir sehen also: **Moggallāna** hatte sowohl die Heiligkeit erreicht, als auch alle magischen Fähigkeiten. Vom Buddha wissen wir, dass er dies ebenfalls erreicht hatte und außerdem noch alle acht Vertiefungen beherrschte. Von **Sāriputta** ist bekannt, dass er die Heiligkeit erreicht hat, aber nicht alle magischen Fähigkeiten hatte und wohl auch nicht alle acht meditativen Vertiefungen beherrschte, mit Sicherheit aber die ersten vier.

Intensiv praktizierende Buddhisten streben an, nicht nur die ersten vier Vertiefungen zu beherrschen, sondern auch *āsavakkhaya-ñāna* zu erreichen, mindestens aber *yathābhūta-ñānadassana* in diesem Leben, der Punkt, der als **Stromeintritt** bezeichnet wird, von dem an ein gewisser Automatismus eintritt, weil das Gravitationsfeld des **Nirwana**, der Voll-kommenheit, größer ist als das Gravitationsfeld von **kāmāloka**, der Welt sinnlichen Verlangens. So jetzt bin ich etwas von **Moggallāna** abgekommen, doch ich werde noch auf ihn zurückkommen, um vom Ende **Moggallānas** zu berichten.

Sāriputta war im Monat *Kattika*, also im Oktober oder November, möglicherweise im Jahre 484 v. u. Z. in seinem Geburtszimmer gestorben, ich habe in meiner Erzählung über **Sāriputta** davon berichtet.[30] **Moggallāna** starb nur 14 Tage später im Alter von 84 Jahren und damit ein halbes Jahr vor dem **Buddha**.

Während jedoch **Sāriputta** und der Buddha friedlich dahinschieden, nahm es mit **Moggallāna** ein trauriges Ende: er wurde ermordet. Natürlich hatte sich der Orden des **Buddha**, die erfolgreichste Ordensgründung seiner Zeit, nicht nur Freunde gemacht, denn viele frühere Anhänger anderer asketischer Gruppen hatten sich von diesen abgewandt und der **Sangha** des **Buddha** angeschlossen.

Eine konkurrierende Gruppe sah den Hauptgrund darin, dass **Moggallānas** bekannte Berichte über **Astralreisen**, ihnen viele Mitglieder abspenstig gemacht habe. Es heißt sie hätten unter ihren Anhängern Geld gesammelt – von 1000 Goldstücken ist die Rede – mit der man eine Räuberbande gedungen habe, **Moggallāna** aus dem Weg zu räumen. Es heißt beim ersten Versuch der Räuberbande, ihn zu töten, sei er ihnen entwischt,

---

30 Ich habe über Sāriputta und seine Tod ausführlich in Band 1 dieser Reihe (Buddhas Sohn Rahula) berichtet, die sehr ergreifende Geschichte trägt den Titel „Sāriputtas letzter Sieg".

angeblich durchs Schlüsselloch, seine Motivation dazu sei gewesen, ihnen die schrecklichen *karmischen* Folgen ihres Handelns zu ersparen. Einen Monat später jedoch hätten sie bei einem erneuten Versuch Erfolg gehabt, denn *Moggallāna* habe während ihres Angriffs die Beherrschung über seinen Körper verloren und sie hätten ihn, so heißt es im Ermittlungsbericht: „Die Knochen zermalmt, bis sie so klein waren wie Reiskörner."

Moggallāna begab sich auf seine letzte *Astralreise* zum *Buddha*, um sich von diesem zu verabschieden, dann wirft er sich vor den Füßen des Erhabenen nieder, wo sein Astralleib zerfiel. Der *Buddha* stellt fest, dass ihm die Versammlung der Mönche nach dem Tod seiner beiden Hauptjünger sonderbar leer erscheine.

Dennoch wird der *Buddha* nicht von Kummer erschüttert, denn er hat vollkommen verinnerlicht, das alles, was entstanden ist, vergehen muss. Der *Buddha* wendet sich vielmehr an die Mönche und sagt ihnen, statt zu trauern solle ihnen die Lehre eine Zufluchtsinsel sein und auf die mächtige Hilfe der Vier Grundlagen der Achtsamkeit vertrauen, wie er sie im *satipatthāna-sutta*[31] dargelegt habe.

---

31 Das *satipatthāna-sutta* ist Gegenstand eines noch in der Planung befindlichen späteren Bandes dieser Buchreihe.

Über 40 lange Jahre

Wir sind jetzt etwa zwei Jahre nach dem *Erwachen* des *Buddha*, zehn Jahre nach seinem Gang in die Hauslosigkeit, also dem Zeitpunkt, an dem er sein Leben im Hause und als Sohn des *Raja* von *Sakya* aufgegeben hatte. Der *Buddha* ist jetzt noch keine vierzig Jahre alt.

Die ganze restliche Zeit seines Lebens verbrachte er damit, durch Nordostindien zu ziehen, südlich des Himalaya in der Nähe des Flusses Ganges. Das Gebiet, das er von nun an durchreiste war etwas größer als Bayern. Der *Buddha* schlief meist unter freiem Himmel, manchmal übernachtete er auch bei seinen Anhängern, die Regenzeit verbrachte er gewöhnlich in einem Laubhüttendorf, wo er zahlreiche Mönche in Workshops anleitete und fast täglich einen Vortrag hielt.

Nach der morgendlichen Meditation zog er gewöhnlich weiter, kam dann in ein Dorf oder eine Stadt, wo er mit seiner Almosenschale schweigend von Haus zu Haus ging. Anschließend hielt er sich gewöhnlich in der Nähe dieses Dorfes oder dieser Stadt auf und verbrachte seine Zeit mit Meditation oder mit der Beratung von Menschen, die seinen Rat suchten. So ging das über vierzig Jahre.

Ich beschreibe diese Zeit hier nicht im einzelnen, sondern nur wenige für die Entwicklung symptomatische Episoden.[32] [33]

---

32 Achtzehn weitere Episoden aus dem Leben des historischen Buddha finden sich in Band 1 dieser Buchreihe, Titel: „Buddhas Sohn Rahula".

33 Sechsundzwanzig „Ausgewählte Lehrreden des Buddha" wurden außerdem im Band 4 dieser Buchreihe in erfrischend moderner Form unterhaltsam und lehrreich nacherzählt und mit Erläuterungen versehen.

Streit im Orden

Wir haben jetzt viele Erfolgsgeschichten gelesen. Und manch einen kann dabei das Gefühl beschleichen sich zu fragen: „Lief denn alles wirklich so reibungslos? Eilte der **Buddha** von Erfolg zu Erfolg – ohne irgendwelche Rückschläge?"

Solche Fragen sind völlig legitim. Selbstverständlich lief nicht immer alles problemlos ab. Der **Buddha** war erwacht, einige seiner Mönche auch. Erwachte handeln nicht mehr unweise. Allerdings war natürlich die Mehrheit der Mönche (und später auch der Nonnen) keineswegs erwacht. Und auch die Anhängerschaft des Buddha setzte sich aus größtenteils gutwilligen, aber doch nur allzu menschlichen Personen zusammen. Der **Pāḷikanon**, die Sammlung der Lehrreden und Erzählungen des Buddha gibt auch über Misserfolge Auskunft, so zum Beispiel im Kosambiya Sutta (**MN** 48). Davon soll hier berichtet werden.

Diese Gegebenheit fand etwa acht Jahre nachdem der **Buddha** König **Bimbisāra** von **Maghada** und kurz darauf auch auch den Herrscher von **Kosala**, König **Pasenadi**, als Unterstützer gewinnen konnte, in der Folge davon war es zu einem starken Anwachsen der Bewegung des **Buddha** gekommen – und das hatte nicht nur Vorteile.

Allerdings hatte der **Buddha** nicht überall Glück, Herrscher als Unterstützer zu finden, so war er im Vamsareich weniger erfolgreich: er konnte König *Udena* von *Vamsa* nicht begeistern, diesem waren Glaubensfragen zuwider, auch ärgerte er sich, dass sein Sohn, Prinz *Bodhirāja* entsprechende Neigungen zeigte. Die Hauptstadt vom *Vamsa* war damals *Kosambi* und hier lief für den Buddha einiges schief. So hatten frisch ordinierte Mönche verlauten lassen, es sei angemessen, die Ordensbrüder mit einem Becher Wein zu empfangen. Die Laien verfuhren entsprechend. Als der **Buddha** dann in Kosambi eintraf, fand er dort einen volltrunkenen Mönch vor dem Stadttor seinen Rausch ausschlafen. Dies war der Anlass, dass der **Buddha** ein totales Alkoholverbot für die Mönche erließ – eine weitere Ordensregel.

Je mehr Menschen dem buddhistischen Orden angehörten, desto gemischter war die Zusammensetzung. Männer aus unterschiedlichen Volksstämmen, aus unterschiedlichen **Kasten**, von unterschiedlicher Intelligenz und mit sehr unterschiedlichen Sozialisationserfahrungen waren da zusammen gekommen. Selbstverständlich ging immer einmal wieder etwas schief. In diesen Fällen erließ der **Buddha** „aus gegebenem Anlass" eine neue Regel, damit denjenigen, die nicht in der Lage waren, die unmittelbaren und insbesondere auch die mittelbaren Folgen ihres Handelns abzusehen, eine Richtschnur gegeben war, woran sie sich orientieren konnten. Zum Schluss gab es über 300 Regeln. Und wie das in der Natur der Sache lag, neigen Streithanseln dazu, sich dann über die Auslegung der Regeln zu streiten.

Der **Pāḷikanon** zeigt mit drastischen Worten auf, wie das ablief: *„Bei dieser Gelegenheit waren die* **Bhikkhus** *bei* **Kosambi** *in Streit und Zank verfallen und waren in Streitgespräche vertieft, bei denen sie sich gegenseitig mit Worten, die Dolchen glichen, verletzten. Weder konnte sie einander überzeugen, noch konnten sie überzeugt werden; weder konnten sie einander überreden, noch könnten sie überredet werden."* (**MN** 48,2)

Was war geschehen? Der Anlass war ein nichtiger – wie üblich. Es ging um etwas, was man aus jeder WG und aus fast jeder Familie kennt, es ging darum, wer wann und wie etwas in Ordnung bringt, was er gemacht hat. Es ging um so etwas wie die Etikette beim Toilettengang. Wenn wir heute sehen, dass das Toilettenpapier zur Neige geht, besorgen wir neues, damit der nächste, der die Toilette benutzt, kein Problem hat. Damals wurden im Wald Latrinen als Toilette benutzt und statt Toilettenpapier gab es einen Wassereimer und natürlich gab es inzwischen eine Regel, wer wann den Eimer aufzufüllen hat. Eigentlich war alles klar, aber wenn natürlich zwei Streithanseln aneinander geraten....

.... und dann gab es noch das Problem, dass das Wasser nicht allzu lange stehen durfte, damit sich darin keine Mückenlarven entwickeln konnten. Genug jedenfalls, worüber sich unter unerleuchteten Geistern trefflich streiten ließ.

Ja, es ging um so etwas wie verletzte Eitelkeiten, und das wog umso schwerer, als im Mittelpunkt zwei Mönche standen, die als „altgedient" galten, die also schon vor längerer Zeit ordiniert waren, denen folglich die jüngeren Ehrerbietung zollen mussten. Jeder der beiden hatte so etwas wie einen Fanclub um sich geschart, also jüngere Mönche, die sich an ihm orientierten. Die beiden waren also so etwas wie Lehrer. Einer galt als Experte für die Lehrreden des *Buddha*, ihm hörten also die Mönche zu, wenn sie etwas über den *Dharma* erfahren wollten und konnten ihm Fragen dazu stellen. Der andere war besonders kompetent, was die inzwischen zahlreichen Regeln des Mönchsordens anging und er unterwies die jüngeren Mönche diesbezüglich. Und vermutlich sahen sich die beiden auch als Konkurrenten um die Beliebtheit bei den jüngeren Mönchen.

Da die Situation inzwischen unerträglich geworden war, wandte sich einer der Mönche an den *Buddha*, woraufhin dieser die Streitenden zu sich bat. Er fragte dann: „Ist es richtig, dass ihr in heftigem Streit seid und euch gegenseitig nicht überzeugen könnt?" Beide Streitparteien bestätigten ihm dies.

Nun erklärte der **Buddha** ihnen: „Wenn ihr miteinander streitet, dann handelt ihr bei diesem Anlass gegenüber euren Brüdern nicht mit einem von Liebender Güte (**metta**) getragen Geist, ihr redet nicht mit Worten liebender Güte und ihr handelt auch nicht mit Worten liebender Güte, dann seid ihr fehlgeleitet. Es gibt sechs bemerkenswerte Eigenschaften, die Liebe und Respekt erzeugen, die zu Hilfsbereitschaft, zur Versöhnung, zu Eintracht und Einigkeit führen. Die ersten drei sind körperliche Handlungen, die Ausdruck von **metta** sind, sprachliche Handlungen, die Ausdruck von **metta** sind und geistige Handlungen, die Ausdruck von **metta** sind, und zwar sowohl im Privaten als auch in der Öffentlichkeit. Weiterhin teilt der Mönch alles, was er hat, mit seinen Gefährten im **Sangha**. Als fünftes ist zu nennen, dass man sowohl im Öffentlichen als auch im Privaten ethisch handelt. Und schließlich solltet ihr sowohl öffentlich als auch im Privaten die Ansichten vertreten, die edel sind und zur Befreiung aus **Saṃsāra** führen.“

Mit diesen und weiteren Belehrungen ermahnte der Buddha die Mönche. Doch diese waren von ihren Streitereien so eingenommen, dass sie nicht einmal das Wort des **Buddha** respektierten, einer hatte sogar die Frechheit dem Buddha zu sagen: „Möge der **Dharma**-Meister sich gedulden, dieser Zank, dieser Streit ist allein unsere Sache.“ Schweigend verließ der **Buddha** die Versammlung (Mv 10,1-2)[34]. Er zog sich für einige Zeit in den Pārileyyakawald zurück. Er überließ die Streitenden ihrem **Karma**, das sie früher oder später ereilen würde. Nach einiger Zeit in der Waldeinsamkeit beschloss der *Buddha*, sich dorthin zu begeben, von wo er ganz andere, positive Nachrichten hatte. Die Geschichte findet sich im nächsten Abschnitt „Drei Männer eines Herzens“.

---

34 Mahāvagga (MV) ist der erste Teil (die „große Gruppe“) aus der Sammlung der buddhistischen Ordensregeln. Der ganze lange Abschnitt 10 ist den Vorfällen in Kosambi gewidmet.

Im Fall der **Kosambi**-Mönche jedoch soll es im weiteren sogar zu tätlichen Auseinandersetzungen gekommen sein.

Der **Buddha** hatte recht, die Mönche von **Kosambi** ernteten die Früchte ihrer üblen Taten. So wie der Wagen dem Ochsen folgt, der ihn zieht, ebenso sicher tragen auch unsere Handlungen (*karma*) Früchte (*vipaka*). Die Mönche pflegten ihren Unterhalt als Almosen zu erbetteln, die Laienanhänger/innen gaben ihnen Almosen, ob ihrer Reputation, ob ihres guten Rufes als Männer auf dem Heilsweg. Da sie diesen auch in den Augen der Laien offensichtlich verlassen hatten, bekamen sie keine Almosen mehr, was zu einer akuten Versorgungskrise führte. Die Mönche ernährten sich mehr schlecht als recht von dem, was sie in der Wildnis fanden und man darf wohl davon ausgehen, dass nicht wenige von ihnen die Robe ablegten und wieder ins weltliche Leben zurückkehrten, andere dürften aus *Vamsa* in Gegenden abgewandert sein, in denen der Ruf der **Sangha** nicht ruiniert war.

Nach einem langen Prozess, der sich über weit mehr als ein Jahr hinzog, entsandten *schließlich* beide Streitparteien Boten zum **Buddha** mit der Bitte um Vermittlung. Der **Buddha** zog jedoch nicht nach *Kosambi*, sondern zitierte die Streitenden zu sich nach **Sāvatthi**. Beide Streitparteien konnten inzwischen klarer erkennen, was vorgefallen war, und wie der Streit eskalierte. Der Lehrredenexperte hatte seinen Stolz überwunden, er gestand seinen Fehler ein. Auch der Regelexperte gab zu, ungebührlich überreagiert zu haben, beides war durchaus auf das Verhandlungsgeschick des **Buddha** zurückzuführen (Mv 10, 11-14) — allerdings war dies erst möglich durch den Druck seitens der Laien und eine entsprechende Leidenszeit für alle Beteiligten.

Der **Buddha** vermied es in den folgenden 35 Jahren seines Lebens sich länger als unbedingt nötig im Reiche *Vamsa* aufzuhalten.

Drei Männer eines Herzens

Im letzten Abschnitt hatten wir von zerstrittenen Mönchen gehört, was das ziemliche Gegenteil einer erfolgreichen *Sangha* ist. Wir haben dort auch erfahren, dass sich der *Buddha* – nach seinem ersten erfolglosen Vermittlungsversuch zunächst in die Waldeinsamkeit zurückgezogen hatte, mit anderen Worten: er machte eine Einzelklausur. Als er die Zeit dafür gekommen sah, ging er wieder unter die Menschen, allerdings nicht nach *Kosambi*, wo die Mönche noch immer im Streit lagen, er wandte sich vielmehr in Richtung *Gosinga*. Dort gab es einen großen Park der teilweise bewaldet war und in diesem Wäldchen, dem *Sālawald*, hielten sich, wie der Buddha wusste drei Mönche auf: *Anuruddha*, *Kimbila* und *Nandiya*.[35]

Als der *Buddha* den Park betrat, kam der Parkwächter herbei und sprach den Buddha an: „Betritt diesen Park nicht. Dort praktizieren drei ehrenwerte Männer, die nach dem Guten streben.“

Dies hörte *Anuruddha* und er eilte herbei: „Lieber Parkwächter, weise den *Erhabenen* nicht ab. Es handelt sich um unseren Lehrer, der gekommen ist, um uns zu besuchen.“ Und seinen beiden Freunden rief er zu: „Kommt heraus, Freunde, unser Meister, der *Erhabene*, ist gekommen!“

Diese eilten herbei und man tauschte die üblichen Begrüßungsrituale aus. Dann wandte sich der *Buddha* an seinen Cousin *Anuruddha*: Ich hoffe, bei euch ist alles in Ordnung, ich hoffe eure Ernährung ist gesichert und ihr habt keine Probleme, die Almosenspeise zu bekommen.“

---

35 Zwei von ihnen sind uns schon einmal begegnet, nämlich im Abschnitt „Buddhas Rückkehr nach Kapilavatthu“, sie waren damals zusammen mit einigen weiteren dem Buddha gefolgt, um sich von ihm ordinieren zu lassen.

Anuruddha versicherte ihm, dass alles in Ordnung und die Ernährung gesichert sei.

Nachdem das geklärt war und angesichts der bitteren Erfahrung in *Kosambi* erkundigte sich der Buddha nunmehr: „Ich hoffe, *Anuruddha*, dass ihr in Eintracht lebt, mit gegenseitigem Verständnis und ohne Streit."

Anuruddha bestätigte, dass sie im besten Einvernehmen lebten, aber dem **Buddha** schien diese Bestätigung nicht zu genügen, denn er fragte nunmehr: „Aber, *Anuruddha*, auf welche Weise lebt ihr so?"

Nun erläuterte sein Cousin ihm: „Ehrwürdiger Herr, ich denke so: `Wie wunderbar ist es doch, dass ich mit solchen Gefährten im heiligen Leben zusammenlebe´. Und daher begegne ich meinen Gefährten mit mit Taten, Worten und Gedanken der Liebenden Güte und zwar sowohl, wenn wir unter uns sind als auch in der Öffentlichkeit. Wenn ich bemerke, dass meine Freunde gerade andere Bedürfnisse haben als ich, dann stelle ich meine Bedürfnisse zurück. Wir haben, *Erhabener*, unterschiedliche Körper, aber im Herzen sind wir sozusagen eins."

Der **Buddha** schien noch nicht hundertprozentig überzeugt, denn er wollte wissen, was das praktisch bedeutet: „Sag, *Anuruddha*, kannst du das an einem alltäglichen Beispiel erläutern?"

Nun fing *Anuruddha* an weniger formelhaft und lehrbuchmäßig zu sprechen: „Ja, also das ist so, *Erhabener*, wir gehen ja getrennt die Almosenspeise einsammeln, und wer da von uns als erster zurückkommt, der bereitet die Sitze vor, stellt Wasser zum Trinken und solches zum Waschen bereit und stellt den Abfalleimer auf seinen Platz. Wer von uns als letzter zurückkehrt, isst das, was noch übrig ist und falls mehr da ist, als wir benötigen, dann entsorgt er den Rest ordnungsgemäß. Dann räumt er die Sitze und das Wasch- sowie das Trinkwasser weg. Den Abfalleimer wäscht er ordentlich aus und stellt ihn dorthin, wo er hingehört. Danach fegt er den Speisesaal. Wer von uns feststellt, dass das Trinkwasser, das Waschwasser oder das Wasser für die Latrine fast oder ganz leer ist, der kümmert sich drum. Wenn das für ihn allein zu schwer ist, ruft er einen von den anderen herbei, um ihm zu helfen, dazu genügt ein Handzeichen, deswegen ist es also nicht nötig zu sprechen. Das Reden behalten wir uns für unsere **Dharma**erörterungen vor, diese machen wir alle fünf Tage eine ganze Nacht lang."

Der **Buddha** war sehr erfreut, wollte aber auch noch wissen, welche praktischen Auswirkungen dies habe: „Gut, gut, *Anuruddha*. Aber während ihr so umsichtig, eifrig und entschlossen weilt, habt ihr da irgendeinen übermenschlichen Zustand erreicht, Klarheit des Wissens und der Schauung?"

Und so berichtet *Anuruddha*, wie sie – jeder für sich – in der Meditation alle meditativen Vertiefungszustände erreicht hatten. Anschließend hielt der **Buddha** noch einen **Dharma**vortrag und ermunterte sie dazu weiter so erfolgreich zu praktizieren.

Als der **Buddha** aufbrach begleiteten sie ihn noch ein Stück. Auf dem Rückweg fragten *Kimbila* und *Nandiya* ihren Freund *Anuruddha*: „Sag mal, wir haben dir doch niemals über unsere meditativen Erreichungen berichtet, oder? Woher wusstest du denn dann das alles?"

„Aber Freunde, wenn wir doch eines Herzens und eines Geistes sind, wie könnte es dann anders sein? Außerdem sieht man es euch an. Und als drittes ist noch zu nennen, dass mir auch himmlische Wesen davon berichteten."

Der Buddha und *Ānanda*

Eine der interessantesten Figuren im Umkreis des **Buddha** ist zweifelsohne **Ānanda**, er war ein Vetter des Buddha. Der Bruder von **Raja Suddhodana** (dem Vater des historischen Buddha), er hieß Amitodana, hatte zwei Söhne, *Anuruddha* und *Ānanda*. Anuruddha kennen wir bereits[36]. Sowohl *Anuruddha* als auch **Ānanda** waren am gleichen Tag mit fünf weiteren Bewohnern von Sakyas Hauptstadt Kapilavatthu vom Buddha ordiniert worden.[37]

Ānanda soll am gleichen Tag wie der Buddha geboren sei. Nach seiner Ordination wurde er Schüler vom *Belaṭṭhasīta*, der zu diesem Zeitpunkt bereits ein **Arahat** war. Während seines ersten Regenzeit-**Retreats** erreichte **Ānanda** den Stromeintritt. Ursache dafür sei ein Vortrag von *Puṇṇa Mantāniputta* über die fünf **khandhas** gewesen, wodurch Ānanda das Wesen von dukkha, Unbeständigkeit und der Nichtexistenz eines Selbst (**annatā**) auf eine ganz tiefe Weise verstand. In den folgenden Jahren praktizierte **Ānanda** eifrig aber unauffällig. Zunächst arbeitete er an der Läuterung seines Herzens und entwickelte so immer mehr Sicherheit und Stärke.

Zu jener Zeit hatte der **Buddha**, der inzwischen ein Bekannter spiritueller Lehrer und gewissermaßen immer auf Tournee war, gewöhnlich einen Assistenten bei sich, der ihn unterstützte. Wer den **Buddha** sprechen wollte, musste sich bei dem Assistenten anmelden, auch unterstützte der Assistent den **Buddha** bei alltäglichen Verrichtungen. So war das jedenfalls geplant. Allerdings zeigte es sich, dass diese Männer sich zwar

---

36 vgl. die Geschichte „Drei Männer eines Herzens" *in diesem Buch*

37 vgl. die Geschichte „Buddhas Rückkehr nach **Kapilavatthu**" in diesem Buch

zunächst eifrig darum bewarben, die angesehene Stellung eines Assistenten des **Buddha** zu bekommen, sich jedoch häufig hinterher als nicht sehr zuverlässig erwiesen.

Einer davon war der junge *Meghiya*, der den Buddha verließ, um in einem Mangohain, den er so schön fand, zu meditieren. Ein anderes Mal reiste der Buddha mit einem Mönch namens *Nagasamala* als Assistenten durch **Kosala**. Als sie an eine Weggabelung kamen, bestand dieser darauf, dass sie die eine Richtung nehmen müssten, obwohl der **Buddha** wusste, dass die andere die richtige war. Schließlich legte *Nagasamala* die Bettelschale des Buddha und seine Robe einfach auf die Straße und ging dorthin, wohin er wollte. Er war noch nicht sehr weit gekommen, als ihm Räuber begegneten, die ihn schlugen und traten, seine Bettelschale zerbrachen und seine Robe zerrissen. Dann kehrte er um und folgte dem Weg, den auch der **Buddha** eingeschlagen hatte. Als er ihn schließlich eingeholt hatte, fragte er sich, was eigentlich in ihn gefahren sei, denn er bedauerte die ganze Sache sehr.

Nach zwanzig Jahren solcher Erfahrungen hatte der **Buddha** davon einfach genug. Er versammelte die Mönche um sich und sagte: „In den letzten Jahren hatte ich zahlreiche Assistenten, aber keiner erledigte seine Aufgaben zu meiner vollen Zufriedenheit. Da gab es Selbstsucht und Eigensinn. Ich bin jetzt fünfundfünfzig Jahre alt und brauche einen zuverlässigen und vertrauenswürdigen Assistenten."

Verschiedene Mönche boten sich an, doch der **Buddha** hatte mit jungen eifrigen Mönchen und ihrer schnell erlahmenden Bereitschaft eine dienende Rolle zu spielen schlechte Erfahrungen gemacht. Er wollte einen reiferen Diener haben, einer der schon länger ordiniert war und dessen Disziplin untadelig war. Dann stand *Ajnata-Kaundinya*, einer der fünf Asketen, die **Siddhartha** bereits vor seiner Erleuchtung gefolgt waren und dann als erste ordiniert wurden, auf und erbot sich diese Stelle anzunehmen. Der **Buddha** lehnte jedoch auch diesen ab, weil er noch deutlich älter war als der **Buddha** selbst.

Die Versammlung war etwas ratlos. Schließlich wandten sich die Blicke der erfahrenen Mönche **Ānanda** zu, für den die Stelle eigentlich wie geschaffen schien. Neben seiner Bescheidenheit und seiner Zuverlässigkeit sprach sein phänomenales Gedächtnis für **Ānanda**: Er gehörte zu jener winzig kleinen Anzahl von Menschen, die so etwas wie ein „fotografisches Gedächtnis" haben. Er vergaß nichts! Alles was, er einmal gehört hatte, konnte er noch Jahrzehnte später detailgetreu wiedergeben, er konnte sogar sagen, bei welcher Gelegenheit dieses gesagt wurde, wer zugegen war, und was der Sprecher durch seine Stimmmodulation besonders betont hatte. Mit anderen Worten: er war besser als ein Tonbandprotokoll!

Erfahrene Mönche fragten ihn, warum er sich nicht gemeldet habe, und **Ānanda** antwortete „Ich bin sicher, der **Buddha** weiß, wer der Geeignetste für diese ehrenvolle Aufgabe ist."

Der **Buddha** aber, der Zeuge dieses Gesprächs war, erklärte: „Ja, **Ānanda**, du hast recht, ich weiß wer der geeignetste Mönch für diese Position ist: du, **Ānanda**, bist der Richtige und es würde mich freuen, wenn du mein Assistent würdest."

Alle erwarteten, dass **Ānanda** dem freudig zustimmte, aber zur allgemeinen Verwunderung stellte dieser acht Bedingungen, unter denen er bereit wäre, die ehrenvolle Position einzunehmen. Die ersten vier waren negative Bedingungen, erläuterten also, was nicht geschehen dürfe. Erstens dürfe der **Buddha** niemals eine ihm geschenkte Robe an **Ānanda** weitergeben; zweitens dürfe der Meister auch keine ihm gegebene Almosenspeise an **Ānandā** weitergeben; drittens dürfe eine Unterkunft für die Nacht, die dem **Buddha** gewährt wurde, nicht auch für **Ānanda** gelten und viertens dürfe eine Einladung (zum Beispiel zu einer Mahlzeit), die der **Buddha** bekomme, nicht auch für ihn gelten. Mit diesen Bedingungen wollte sich

Ānanda offensichtlich dagegen absichern, dass man ihm vorwerfen könne, er zöge persönliche Vorteile aus seiner Stellung als Assistent des **Buddha**.

Der **Buddha** akzeptierte diese vier Bedingungen, die von der Bescheidenheit und der Weisheit seines Vetters zeugten. Doch *Ānanda* stellte vier weiter Bedingungen, diese waren positiver Natur, also Forderungen die der Buddha ihm erfüllen solle. Die erste dieser Forderungen war, wann immer er, *Ānanda*, eine Einladung erhalten habe, möchte er, dass er diese auf seinen Meister übertragen könne.

Zweitens: wenn Menschen angereist seien, um den Buddha zu befragen, möchte er, *Ānanda*, diese zuerst anhören, um zu entscheiden, ob es sinnvoll sei, dass sie den **Buddha** kontaktieren, um diesen vor sinnlosen Audienzen zu bewahren.

Die dritte Frage diene seiner eigenen Entwicklung, erklärte *Ānanda*: wann immer er selbst Fragen hinsichtlich der Lehre habe, solle der **Buddha** sie ihm beantworten; ähnlich sei es mit der vierten Bedingung: wenn der **Buddha** zu einem Essen eingeladen sei, bei dem er nicht zugegen sei, und dabei eine **Dharma**darlegung gäbe, so solle er sie anschließend für ihn wiederholen. Diese letzte Bedingung diente also einerseits *Ānandas* Fortbildung und außerdem war sie auf diese Weise „gespeichert", sodass sie später von diesem weitergegeben werden konnte. Der **Buddha** fand alle diese Bedingungen überaus logisch und hilfreich und akzeptierte sie.

So begann nicht nur ein Dienstverhältnis, das bis zu Buddhas Tod 25 Jahre später halten sollte, sondern auch eine tiefe Freundschaft zwischen den beiden Männern, zwischen dem **Erwachten** und *Ānanda*, der so von seinen dienenden Aufgaben erfüllt war, dass er weniger Zeit für die eigene Praxis hatte und daher zu Lebzeiten Buddhas nicht das **Erwachen** erreichte.

Ānanda beschreibt diese 25 Jahre in den *Theragāthā*[38] (1041-1043) so:

> *„25 Jahre diente ich dem **Erhabenen**,*
> *Ich diente ihm gut mit liebenden Taten,*
> *Wie ein Schatten, der nicht vergeht.*
>
> *25 Jahre diente ich dem **Erhabenen**,*
> *Ich diente ihm gut mit liebender Rede,*
> *Wie ein Schatten, der nicht vergeht.*
>
> *25 Jahre diente ich dem **Erhabenen**,*
> *Ich diente ihm gut mit liebenden Gedanken,*
> *Wie ein Schatten, der nicht vergeht."*

Wenn ich hier geschrieben habe, *Ānanda* sei der „Assistent" des Buddha, so ist dies eine unzureichende Übersetzung des Begriffes *„Upaṭṭhāka"*, *Ānanda* war auch der Diener oder Aufwärter, der Adjutant des Buddha - aber diese Begriffe klingen zu sehr nach subaltener Stellung, denn *Ānanda* war auch der Vertraute und Freund des **Buddha**.

Dass *Ānanda* aber bei all dem auch so etwas wie ein Diener war, erkennt man daran, dass er dem **Buddha** das Wasser zum Waschen besorgte ebenso wie die Stäbchen zur Zahnreingung, dass er die Roben des **Buddha** flickte, dass er ihm Kühlung zufächelte, wenn es heiß war, dass er ihm die Füße wusch und den Rücken massierte und dass er ihm Medizin besorgte, wenn der **Buddha** krank war.

Ānanda verstand sich auch als Brückenbauer, denn er wies niemanden mit einem berechtigten Anliegen ab, sondern ermöglichte Kontakte zum **Buddha** sowohl für die Mönche als auch für Laien. Das Alltagsmanagement der **Sangha** mit ihren

---

38 Die *Theragāthā* (Verse der Mönche) sind heute ebenso wie die Therigāthā (Verse der Nonnen) ein Teil der *Khuddakanikāyo* (Sammlung kürzerer Lehrreden) des **Pāḷikanon**. Hier spricht nicht der Buddha, sondern prominente Mönche oder Nonnen.

tausenden von Mönchen teilte er sich mit **Sāriputta** und **Moggallāna**.

Einmal gab es ein Attentat auf den **Buddha**, bei dem ein Widersacher des Buddha einen wütenden Elefanten auf diesen losließ. **Ānanda** stellte sich zwischen den Elefanten und den **Buddha**, um sich für den Erhabenen zu opfern. Der **Buddha** musste **Ānanda** mit seinen übernatürlichen Fähigkeiten zur Seite bewegen, bevor er den Elefanten auf magische Weise beruhigte.

Wie viel der **Buddha** von seinem Freund **Ānanda** hielt, zeigt sich daran, wie er ihn auszeichnete. Solche Auszeichnungen waren Listen, die der **Buddha** veröffentlichte, auf denen die Besten einer Disziplin erwähnt wurden. Kein anderer Mönch hat es auf mehr als zwei solcher Listen auf Platz 1 geschafft, doch **Ānanda** hatte den Spitzenplatz in nicht weniger als fünf Disziplinen, er war der Beste im:

- Kennen vieler Lehrreden (insgesamt 84.000, darunter sowohl kurze Amphorismen bis hin zu Lehrreden von einer Länge bis zu 60.000 Worten)
- bestes Gedächtnis
- Meisterung des logischen Aufbaus des **Dharma**
- beharrlichem Studium
- und natürlich in der Liste der Assistenten des Buddha

Ganz besonders hervorgehoben werden muss noch, dass das Verhältnis von **Buddha** und **Ānanda** das Idealbeispiel für spirituelle Freundschaft ist, was sich besonders an dieser Episode zeigte: Einmal gingen der **Buddha** und **Ānanda** schweigend die Straße entlang. **Ānanda** schien über die Stellung von spiritueller Freundschaft als Teil der spirituellen Praxis nachzudenken, denn auf einmal sagte er: „**Erhabener**, ich glaube, spirituelle Freundschaft macht das halbe spirituelle Leben aus." Er erhielt jedoch eine ablehnende Antwort. „Nein, **Ānanda**, sag das nicht, das ist nicht korrekt, es ist vielmehr so, dass spirituelle Freundschaft das ganze spirituelle Leben ausmacht!" Damit war klargestellt, dass es nichts Wichtigeres in der spirituellen Praxis geben kann, als spirituelle Freundschaft – und die Freundschaft zwischen dem **Buddha** und **Ānanda** ist <u>die</u> spirituelle Freundschaft *par excellence*.

Devadatta, der Widersacher

Geburt, Alter, Krankheit und Tod sind leidvoll, hatte der **Buddha** immer wieder erklärt. Und natürlich war auch der **Buddha**, solange er noch einen menschlichen Körper hatte, davor nicht gefeit. Als er siebzig Jahre alt war, machten sich vor allem Alter und Krankheit immer stärker bemerkbar. So konnte der Buddha nicht mehr alle Vorträge, die von ihm erwartet wurden, selbst halten. Zunächst gelegentlich, dann immer öfter musste er sich dabei vertreten lassen von **Sāriputta**, **Moggallāna**, **Mahākassapa** oder **Ānanda**.

Der **Buddha** sah auch, wie ihm die Leitung des Ordens allmählich entglitt. War sein Vorbild in den früheren Jahren die wichtigste Inspiration für die Mönche, so schienen sich immer mehr der jüngeren Mönche nicht mehr von **Buddhas** sprichwörtlicher Bescheidenheit inspirieren, sondern orientierten sich dahin, wo sie die meisten Spenden bekommen könnten. In Gesprächen erörterte er diese Phänomene mit **Mahākassapa**, der dabei ganz bei ihm war.

Daher ist es nicht verwunderlich, dass bald einer der Mönche darauf hinarbeitete, sich zum Nachfolger des **Buddha** aufzuspielen, wobei er teilweise mit Intrigen arbeitete und auch vor Mordkomplotten nicht zurückschreckte, wenn wir dem **Pāḷikanon** Glauben schenken können.[39] Wir müssen aber in diesem Zusammenhang vorsichtig sein. Es scheint so, dass im Laufe der buddhistischen Geschichte **Devadatta** immer mehr in die Rolle des Gegenspielers gedrängt wurde, so finden sich in den

---

39 Es ist hier nicht der Ort auf diese Attentate einzugehen, ich habe darüber an anderer Stelle berichtet, vgl. Band 1 dieser Buchreihe („Buddhas Sohn Rahula"), Kapitel „Attentat auf den Buddha".

Jātakas, den (angeblichen) Geschichten über frühere Leben des Buddha immer wieder die Erläuterung, dass der jeweilige Widersacher des späteren Buddha **Devadatta** (in einem früheren Leben) gewesen sei.

Was aber mit Sicherheit verbürgt ist, ist dass **Devadatta** offen die Nachfolge des Buddha anstrebte, zu der er sich auch deshalb berufen fühlte, weil er ein naher Verwandter des **Buddha** war, nämlich dessen Cousin. Als Knaben wurden beide gemeinsam von den gleichen Hauslehrern unterrichtet. Außerdem trat **Devadatta** schon zu einem sehr frühen Zeitpunkt in den Orden ein.[40]

Auch **Devadatta** hatte den Verfall der Disziplin im Orden beobachtet und **Buddhas** Missfallen darüber ebenso gesehen, wie die vergeblichen Versuche des **Buddha** wieder mehr Disziplin zu erreichen ohne dabei mit Sanktionen zu arbeiten. **Devadatta** hatte sich im Orden inzwischen einen Namen als Vertreter einer strengeren Disziplin gemacht und hoffte so auf Unterstützung des **Buddha**, von dem er annahm, dass dieser alternde, kränkliche Mann unter der Bürde seiner Verantwortung litt. Daher ergriff er auf einer großen Versammlung, bei der der **Buddha** die Lehre darlegte, das Wort und sagte: „Gebrechlich, o Herr, ist der **Erhabene** nun, alt, hinfällig, ist seinen Lebensweg gegangen und wird heimgesucht vom Verfall. Gleichmütig, o Herr, möge der **Erhabene**, der Wahrheitskenner im gegenwärtigen Glück verweilen und unbeteiligt bleiben. Möge er den Mönchsorden an mich übergeben, ich werde den Mönchsorden leiten." Der **Buddha** widersprach, doch **Devadatta** machte noch einen zweiten und dritten Anlauf. Schließlich wurde es dem Buddha zu bunt und er wies **Devadatta** harsch zurück: „Nicht einmal an **Sāriputta** und **Moggallāna** würde ich den Mönchsorden übergeben,

---

40 vgl. dazu das Kapitel „Buddhas Rückkehr nach Kapilavatthu" in diesem Buch

Devadatta, um wie viel weniger an einen Speichellecker wie dich!"

Darauf verließ *Devadatta* verärgert die Versammlung. In den nächsten Tagen traf er sich mit seiner kleinen Gefolgschaft und erläuterte ihnen seinen Plan.

„Freunde, wir versprechen die Wiederherstellung der Disziplin: Mäßigung, Genügsamkeit, Asketentum, Gewissenhaftigkeit, Genauigkeit, Anstrengung, Kampf gegen Gier, Hass und Verblendung. Und zur Durchsetzung hierfür sollten fünf Regeln gelten:

- die Mönche haben ihr Leben lang als Waldeinsiedler zu leben, wer im Dorf lebt versündigt sich,

- die Mönche sollen nur von Almosenspeise leben, wer eine Einladung annimmt, versündigt sich,

- die Mönche sollen ihr Leben lang nur Fetzengewänder tragen, wer Roben annimmt versündigt sich,

- die Mönche sollen ihr Leben lang unter Bäumen wohnen, wer unter einem Dach wohnt, versündigt sich,

- die Mönche sollen weder Fisch noch Fleisch essen, wer dagegen verstößt versündigt sich.[41]

Und daher, Freunde, wird der **Buddha** dem entweder zustimmen, denn es stellt die Ordensdisziplin wieder her, oder es wird zur Ordensspaltung kommen. Im letzteren Fall können wir der Unterstützung der Laienanhänger und Laienanhänge-

---

41 Die meisten Gerichte waren damals in Indien vegetarisch und Eintopf-
gerichte. Es kam aber auch vor, dass, wenn ein Huhn gestorben oder
geschlachtet worden war, dies in den Eintopf mit hinein kam. Der Buddha
hatte zwar gesagt, dass Mönche auf keinen Fall Tiere essen dürfen, von
denen sie wussten oder vermuten konnten, dass sie ihretwegen
geschlachtet wurden. Wenn aber eine Beigabe von Fisch oder Fleisch im
Essen enthalten war, so konnten sie dies annehmen. Die Verweigerung der
Annahme hätte bedeutet, dass sich die Haushälter durch die Gabe der
Almosenspeise kein gutes Karma hätten machen konnten.

rinnen sicher sein, denn den, der ein ärmliches Leben führt, mögen die Leute."

Dann gingen **Devadatta** und seine Unterstützer zum **Buddha** und trugen ihre Vorschläge vor, der jedoch wies sie ab:

„Genug davon **Devadatta**, wer als Waldeinsiedler leben will kann das tun, aber wer in einem Dorf leben will, sei es weil er oder sie alt oder krank ist oder woanders um Leib und Leben fürchtet, soll das auch tun dürfen. Wer nur von Almosenspeise leben will, kann das tun, aber wer auch Einladungen annimmt und vielleicht bei dieser Gelegenheit den Dharma kommuniziert, soll das auch tun dürfen. Wer Fetzengewänder tragen will, der kann das tun, aber wenn Laien den Mönchen oder Nonnen ordentliche Roben geben und sich so karmische Verdienste schaffen, soll das auch möglich sein. Für acht Monate im Jahr mag es sein, unter Bäumen zu schlafen, aber in der Regenzeit gehen wir in Laubhütten oder gespendete Hütten und halten dort unsere Regenzeit-**Retreats** ab, das ist guter Brauch und verstärkt die Kenntnis des **Dharma** bei Mönchen und Nonnen. Und was das Essen von Fisch und Fleisch angeht: ich habe gesagt, wenn ein Mönch oder eine Nonne gesehen oder gehört hat oder vermuten kann, dass das Tier für sie geschlachtet wurde, darf man davon nicht essen. Das wissen auch die Laien und sie verhalten sich entsprechend. Aber auch wenn in einem Eintopfgericht, das die Hausfrau für ihre Familie zubereitet hat, etwas Fleisch oder Fisch ist, soll sich diese Familie gutes Karma durch ihre Großzügigkeit machen können, wenn sie einem Mönch oder einer Nonne davon abgibt."[42]

---

42 Um denjenigen vorzubeugen, die nun glauben als Buddhist/in sei Vegetarismus nicht geboten, weil die Tiere nicht extra für sie geschlachtet wurden, ist zu sagen, dass in einer entwickelten Marktwirtschaft das angeboten wird, was nachgefragt wird. Wenn ich also Fleisch kaufe, schaffe ich Nachfrage und verursache so tendenziell, dass mehr Fleisch produziert wird, mehr Tiere in Massentierhaltung gehalten und geschlachtet werden. Wenn ich aber vegetarisch lebe senke ich die Nachfrage und trage dazu bei, dass weniger Fleisch produziert wird.

Für **Devadatta** war nun klar, dass es zu einer Abspaltung kommen würde. So begaben er und seine Anhänger sich nach **Rājagrha** und erzählten den Einwohnern von den unterschiedlichen Positionen. Einige kamen dadurch zu der Ansicht: „Diese Asketen und **Śakya**söhne sind Gewissenhafte und leben das Asketentum. Aber die Asketen des Gotama leben im Überfluss und streben nach Völlerei." Andere aber sagten: „Wie kann bloß dieser **Devadatta** beim Erhabenen eine Ordensspaltung bewirken und Unfrieden stiften!"

Nunmehr begab sich **Devadatta** mit einer Anhängerschaft von 500 neu ordinierten Mönchen[43] auf den Berg *Gayāsīsa* bei dem Ort *Gaya* und errichteten dort so etwas wie das Hauptquartier des neuen Ordens von **Devadatta**.

Der Buddha seinerseits beauftragte nun seine beiden Hauptjünger **Sāriputta** und **Moggallāna**: „Habt ihr beiden nicht Mitgefühl, **Sāriputta**, mit diesen neulich erst ordinierten Mönchen? Geht, ihr beiden, **Sāriputta**, bevor diese Mönche in Missgeschick, Notlage und Vergehen geraten."

Hoch erfreut war **Devadatta**, als er die beiden kommen sah und er sprach zu seinen Anhängern: „Da seht ihr, ihr Mönche, wie gut verkündet meine Lehre ist. Da kommen sogar **Sāriputta** und **Moggallāna**, die Hauptjünger des Asketen **Gotama**, in meine Gegenwart, um meinen Lehren zuzustimmen."

Am Abend, als **Devadatta** schlief, hielten **Sāriputta** und **Moggallāna** Vorträge und zogen dabei alle Register. **Sāriputta** sprach über die Wunderkraft des Gedankenlesens und **Moggallāna**, der für seine paranormalen Kräfte bekannt war, sprach über die Wunderwirkung magischer Kräfte. Sie konnten dadurch die meisten der Abtrünnigen überzeugen, zum **Buddha** zurückzukehren. Als **Devadatta** am nächsten Morgen

---

43 Die Zahl 500 darf nicht wörtlich genommen werden, sie taucht oft auf wenn „eine große Zahl" oder „eine dreistellige Zahl" gemeint ist.

aufwachte und seine stark dezimierte Gemeinschaft sah, soll er Blut gespuckt haben und für neun Monate erkrankt sein.

König *Ajāttasatu*[44] spendete dem Abtrünnigen ein Kloster und versorgte dieses aus der Staatskasse. *Devadatta* starb bald, seine Ordensspaltung jedoch existierte weiter, er soll noch rund tausend Jahre existiert haben.

44 Er war Devadattas Verbündeter im Attentat gegen den Buddha, wofür Devadatta den Prinzen Ajāttasatu beim Komplott gegen dessen Vater König Bimbisāra unterstützte (vgl. im Band 1 dieser Reihe das Kapitel „Attentat auf den Buddha"). Ajāttasatu hatte seinen Vater gestürzt und anschließend im Kerker verhungern lassen. Auch seine Mutter ließ er einkerkern.

Buddhas Vermächtnis

Während der **Buddha** an seinem Lieblingsort, auf dem Berg **Gjjhakūta**, weilte, trug sich König **Ajātasattu** von **Maghada** mit Kriegsgedanken. Er, ein Gewaltherrscher, der den Thron durch Usurpation an sich gerissen und dabei seinen eigenen Vater umgebracht hatte, wollte nunmehr auch die Herrschaft des Nachbarstaates **Vajji** an sich reißen.

In solchen Fällen war es damals üblich einen Wahrsager zu befragen, ob dieser Krieg unter einem glücklichen Stern stünde. Anders jedoch ging **Ajātasattu** vor. Er ließ **Vessakāra**, seinen Kanzler kommen und sagte zu ihm: „**Vessakāra**, gehe zum **Buddha**, grüße in huldvoll und teile ihm mit, dass ich, **Ajātasattu**, vorhabe **Vajji** anzugreifen, zu zerstören, zu vernichten und mit zahlreichen Übeln zu überziehen. Dann achte genau darauf, was der **Buddha** sagt und berichte es mir. Denn auf eines kann man sich verlassen: die Vollendeten sagen nie die Unwahrheit.“[45]

Also begab sich Kanzler **Vessakāra** mit seinem Wagen zum **Gjjhakūta**, stieg dort aus und ging dann zu Fuß zum **Erhabenen** um ihn mit dem gebotenen Respekt zu begrüßen. Dann sagte **Vessakāra**: „Werter Herr **Gotama**, mein Herr, König **Ajātasattu** von **Maghada** wünscht **Vajji** anzugreifen, er sagte, er werde diese **Vajji** angreifen, zerstören, vernichten und mit zahlreichen Übeln überziehen.

---

45 So gibt es der **Pāḷikanon** wieder. Es ist m. E. nicht wahrscheinlich, dass dies der Herrscher so ausgedrückt hat. Die Formulierung wurde eher so gewählt, um den Lesern Hörern zu zeigen, dass **Ajātasattu** Übles im Schilde führte. Auch wer diesen Herrscher nicht kennt, soll sofort erkennen, dass es sich um den Bösewicht handelt.

Der Erhabene wandte sich an *Ānanda* und fragte ihn: „Sag mal *Ānanda*, versammeln sich die *Vajji* eigentlich oft?" Und als *Ānanda* dies bejahte, sagte der Erhabene zu ihm: „Solange sich die *Vajji* häufig versammeln, ist Wachstum für sie zu erwarten, kein Verlust."

Und der **Buddha** befragte *Ānanda* noch weiter: „Und wie ist das, *Ānanda,* versammeln sie sich in Eintracht, gehen sie in Eintracht wieder auseinander, und verrichten sie ihre Dinge einträchtig?" Als *Ānanda* auch dies bestätigte, sagte der **Buddha** zu ihm: „*Ānanda*, solange sich die *Vajji* in Eintracht versammeln, in Eintracht wieder auseinander gehen und ihre Dinge in Eintracht verrichten ist Wachstum zu erwarten, kein Verlust."

Auf ähnliche Weise ging das Gespräch zwischen dem **Buddha** und *Ānanda* weiter, sodass der **Buddha** im Laufe des Gesprächs folgende weiteren Feststellungen treffen konnte:

- „Solange die *Vajji* ihre Gesetze akzeptieren und nicht ständig ändern, ist für sie Wachstum zu erwarten, kein Verlust,

- solange die *Vajji* die Alten würdigen, schätzen, ehren und auf sie hören, solange ist Wachstum zu erwarten, kein Verlust,

- solange die *Vajji* Frauen und Mädchen in ihrem Selbstbestimmungsrecht akzeptieren und ihnen keine Gewalt antun, solange ist Wachstum zu erwarten, kein Verlust,

- solange die *Vajii* die öffentlichen und privaten Gedenkstätten achten, würdigen, schätzen und ehren, solange ist Wachstum zu erwarten, kein Verlust,

- solange die **Vajji** die Heiligen schützen und für ihr Auskommen sorgen, sodass Heilige gern in ihr Land kommen, solange ist Wachstum zu erwarten, kein Verlust."

Dann wandte sich der Buddha an **Vessakāra**: Als ich einst bei den **Vajji** weilte, verkündete ich ihnen diese sieben nicht zum Verlust führenden Tatsachen. Solange sie diese nicht zum Verlust führenden Tatsachen befolgen, ist Wachstum für die **Vajji** zu erwarten, kein Verlust.

„Das bedeutet", so schloss der Kanzler, „dass ich König **Ajātasattu** mitteilen werde, er könne die **Vajji** im Krieg nicht besiegen, sondern nur durch diplomatisches Geschick oder durch Spaltung." Der Kanzler verabschiedete sich und fuhr zurück.

Dann wandte sich der **Buddha** an **Ānanda** und sagte zu ihm: „Wir müssen eine wichtige Besprechung abhalten, gehe bitte und teile allen Mönchen in der Umgebung mit, sie sollen sich in der Versammlungshalle einfinden, ich habe etwas Wichtiges zu verkünden."[46]

Als sich die Versammlungshalle gefüllt hatte, ging auch der **Buddha** dort hin und verkündete ihnen die <u>wichtigste Siebengruppe spirituellen Erfolges</u>:

- „Solange sich die **Sangha** häufig versammelt, ist Wachstum zu erwarten, kein Verlust;

- solange sich die **Sangha** in Eintracht versammelt, in Eintracht wieder auseinandergeht und ihre Obliegenheiten in Eintracht verrichtet, ist Wachstum zu erwarten, kein Verlust;

- solange sich die **Sangha** an die erlassenen Übungsregeln hält, ist Wachstum zu erwarten, kein Verlust;

---

46 Möglicherweise dient der erste Teil bis hierhin nur als Aufhänger, um zu erläutern, dass für eine Sangha die gleichen (oder ähnlichen) Regeln gelten wie für erfolgreiche weltliche Gruppierungen. Umgekehrt zeigt die Geschichte auch auf, dass man gut daran tut, weltliche Unternehmungen nach den gleichen Organisationsprinzipien aufzubauen wie einen Orden, wenn man Erfolg und Einvernehmen sicherstellen will.

- solange die **Sangha** auf die älteren, erfahreneren **Sangha**mitglieder achtet, ist Wachstum zu erwarten, kein Verlust;

- solange die **Sangha**mitglieder ihrem Verlangen nach dem Weltlichen nicht nachgeben, ist Wachstum zu erwarten, kein Verlust;

- solange die **Sangha**mitglieder sich nach Einsamkeit und Rückzug sehnen, ist Wachstum zu erwarten, kein Verlust;

- solange die **Sangha** darauf achtet, dass die noch nicht gekommenen guten **Sangha**mitglieder kommen und verweilen mögen, ist Wachstum zu erwarten, kein Verlust.

Solange ihr diese nicht zum Verlust führenden Tatsachen befolgt ist Wachstum zu erwarten, kein Verlust."

„Liebe **Sangha**mitglieder, ich werde euch noch weitere sieben nicht zum Verlust führende Tatsachen verkünden, wodurch ihr das Wachsen der **Sangha** fördern solltet, nämlich die <u>zweite Siebenergruppe des spirituellen Erfolges:</u>[47]

- wenn ihr keinen Gefallen an Geschäftigkeit findet,

- wenn ihr keinen Gefallen an Geschwätzigkeit findet,

- wenn ihr keinen Gefallen an unnötigem Schlaf findet,

- wenn ihr keinen Gefallen an Geselligkeit findet,

- wenn ihr keine unheilsamen Wünsche habt,

- wenn ihr keine üblen Freunde habt,

- wenn ihr nicht aufgrund spiritueller Zwischenerfolge das Ziel, Erwachen, aus den Augen verliert.

---

47 Möglicherweise sind diese und/oder die weiteren Gruppen, die auch an anderen Stellen des **Pāḷikanon** auftauchen, hier nur aufgeführt um ein ganzes Kompendium der Prinzipien an prominenter Stelle im Kanon zu haben.

Solange ihr diese nicht zum Verlust führenden Tatsachen befolgt ist Wachstum zu erwarten, kein Verlust.

Und, liebe **Sangha**, es gibt auch noch eine <u>dritte Siebenergruppe des spirituellen Erfolges</u>, die ihr bedenken und pflegen solltet:

- habt Vertrauen,

- habt Scham,

- habt Scheu,

- seid kundig,

- strengt euch an,

- widmet euch der Achtsamkeitspraxis,

- seid weise.

Solange ihr diese nicht zum Verlust führenden Tatsachen befolgt ist Wachstum zu erwarten, kein Verlust.

Und, liebe Freunde, ich will euch auch noch eine vierte Siebenergruppe des spirituellen Erfolges in Erinnerung rufen, ihr könnt sie vermutlich schon als die <u>Sieben Erleuchtungsglieder</u>:

- das Erwachensglied Achtsamkeit,

- das Erwachensglied (Dhamma-)Ergründung,

- das Erwachensglied Tatkraft,

- das Erwachensglied (Mit-)Freude,

- das Erwachensglied Gestilltheit,

- das Erwachensglied Konzentration,

- das Erwachensglied Gleichmut.

Solange ihr diese nicht zum Verlust führenden Tatsachen befolgt ist Wachstum zu erwarten, kein Verlust.

Und, liebe **Sangha**, es gibt auch noch eine fünfte <u>Siebenergruppe des spirituellen Erfolges</u>, die ihr pflegen solltet, nämlich:

- die Betrachtung der Vergänglichkeit,

- die Betrachtung der Nichtselbsthaftigkeit,

- die Betrachtung der Unreinheit,

- die Betrachtung des Nachteils, der aus Ergreifen und Anhaften entsteht

- die Betrachtung des Loslassens,

- die Betrachtung der Leidenschaftslosigkeit,

- die Betrachtung der Auslöschung der Triebe;

wenn ihr diese sieben Betrachtungen übt und pflegt ist spirituelles Wachstum zu erwarten, kein Verlust.

Und darüber hinaus gibt es noch sechs weitere Dinge, die das Wachstum der *Sangha* unterstützen und ein Schrumpfen der *Sangha* vermeiden, nämlich:

- es ist wichtig, euren Freunden in der *Sangha* mit wohlwollender Tat entgegen zu treten,

- es ist wichtig, euren Freunden in der *Sangha* mit wohlwollender Rede entgegen zu treten,

- es ist wichtig, euren Freunden in der *Sangha* mit wohlwollenden Gedanken entgegen zu treten,

- es ist wichtig, das was ihr rechtmäßig bekommen habt, mit den anderen in der *Sangha* zu teilen,

- es ist wichtig, dass ihr ethisch lebt, also eine ungebrochene, unverkürzte, unbefleckte, makellose, befreiende, von Verständigen gepriesene, zur Konzentration führende Ethik immerdar pflegt,

- es ist wichtig, dass ihr edle, zielführende, dem Handelnden zur Vernichtung des Leidens führende Ansicht habt und ihr einander in diesem Sinne begegnet.

Solange ihr diese nicht zum Verlust führenden Tatsachen befolgt ist Wachstum zu erwarten, kein Verlust."[48]

Das also war der Inhalt der letzten Ansprache des **Buddha** auf dem von ihm so geliebten Berg **Gjjhakūta.** Dann gingen er und **Ānanda** weiter und predigten in diesem Sinne das Vermächtnis des **Buddha**. Bald darauf, in **Nalanda**, schloss sich ihnen noch **Sāriputta** an.

Die drei gehen dann weiter nach *Pātaligāma*, wo der **Buddha** von zahlreichen Laienanhängerinnen und Laienanhängern empfangen wird. Dort hat die buddhistische Gemeinde ein Gemeindehaus errichtet, es mit einem Fußbodenbelag ausgestattet, Sitzplätze bereitgestellt, ebenso Wasser und Öllampen. Die Gemeinde versammelt sich hier und der Sprecher der Laiengemeinde von *Pātaligāma* begrüßt den Buddha. Erwartungsvoll wartet die Gemeinde auf eine Ansprache des Buddha. Dieser nimmt die Gelegenheit wahr über den ersten, wichtigsten und fundamentalsten Teil des Dreifachen Pfades, über Ethik, zu sprechen.

„Fünf Nachteile gibt es, ihr Bürgerinnen und Bürger von *Pātaligāma*, die durch den Verlust der Ethik bei den Sittenlosen entstehen:

- Nachlässigkeit in der ethischen Lebensführung führt früher oder später zum Verlust von Besitztümern,

- wer in der ethischen Lebensführung nachlässig ist, dem geht ein übel Ruf voraus,

---

48 Die Aneinanderreihung von Siebenergruppen wirkt merkwürdig und unwirklich. Es ist möglich, dass der Buddha bei dieser Gelegenheit nur die erste Siebenergruppe genannt hat und dass die anderen erst zu späterer Zeit ergänzt wurden, weil sie der Buddha zu anderen Zeitpunkten genannt hatte. Grund dafür dürfte gewesen sein, alles was für eine Sangha wichtig ist in einer sehr prominenten Lehrrede zusammen zu fassen. Es ist aber auch möglich, dass der Buddha bei dieser Gelegenheit, wie bei vielen anderen, einen Workshop abhielt, in dem die Mönche in Gruppen diskutierten und die Ergebnisse hinterer ausgetauscht wurden und so die verschiedenen Siebenerlisten zustande kamen.

- wer unethisch lebt, der kann nicht mehr furchtlos bei Versammlungen auftreten, zu übel ist sein Ruf,

- wer unethisch lebt, wird in geistiger Verwirrung sterben,

- wer unethisch gelebt hat, der erscheint nach seinem Tod in einer äußerst nachteiligen, in einer höllischen Sphäre.

Dies ihr Bürgerinnen und Bürger sind die Nachteile unethischen Lebenswandels. Und worin nun liegen die Vorteile eines ethischen Lebenswandels?

- Durch seine Nichtnachlässigkeit, durch seine Achtsamkeit und seinen Bedacht erreicht der ethisch Handelnde schönen Besitz.

- Dem ethisch Handelnden geht ein guter Ruf voraus.

- Der ethisch Handelnde kann dadurch in der Versammlung furchtlos auftreten, die Menschen begegnen ihm nicht mit unnötiger Vorsicht aus Angst, er könne nur auf seinen Eigennutz bedacht sein.

- Ferner wird der ethisch Handelnde unverwirrt sterben.

- Und auch nach dem Tod bringt das ethische Handeln Vorteile, der Verstorbene erscheint so in einer glücklichen, in einer himmlischen Umgebung wieder.“

Dies waren die Themen, die der **Buddha** vortrug und noch lange bis in die Nacht hinein wurden diese Aussagen des **Buddha** besprochen.

Der **Buddha** aber ging von *Pātaligāma* aus weiter zum nahen Ganges, es war zu der Zeit des Jahres, in der der Ganges besonders viel Wasser führt. Manche Menschen suchten nach einem Boot, das sie übersetzen konnte, andere bauten ein Floß. Was aber tat der **Buddha**? Nein, er ging nicht übers Wasser. Er verschwand einfach auf einer Seite des Stromes und erschien im gleichen Augenblick auf der anderen. So findet es sich in der

Digha Nikaya, DN 12, Kapitel 1, Vers 33-34, dort steht auch, der **Buddha** habe dies mit einem spontanen Gedicht kommentiert:

> „Einige queren das Wasser,
>
> die Strömung mit einer Brücke,
>
> sie überspannen auch den Sumpf.
>
> Die Leute bauen sich ein Floß,
>
> die Weisen haben überquert."

Die Stelle wurde alsdann als **Gotama**furt bekannt.

Nach dieser Wanderung war es Zeit für das letzte Regenzeit-Retreat des **Erhabenen**, der bereits im 80. Lebensjahr war.

Parinibbana -
der Buddha stirbt

Im Alter von 80 Jahren wurde der **Buddha** während der Regenzeit sehr krank, er litt an der Ruhr. Der **Pāḷikanon** berichtet, er habe ein „Gebrechen mit heftigen, zum Tode führenden Schmerzen". Der **Buddha**, er befand sich damals wieder zum Regenzeit-**Retreat** im **Jetahain Sāvatthi**, wo er schon sehr oft die Regenzeit mit **Retreats** verbracht hatte. Er betrachtete seine Krankheit geduldig und gelassen. Allerdings war die heftige Krankheit, dieser Todesbote, nicht das einzige, das ihm zu schaffen machte, er hatte auch die Nachricht vom Tod seines Hauptjüngers **Sāriputta** erhalten.[49]

Er nahm sich vor, auf eine letzte Wanderung zu gehen. Doch bereits einige Tage später, der **Buddha** übernachtete damals im Dorf *Ukkācelā*, erreicht ihn auch die Nachricht vom Tode seines zweiten Hauptjüngers **Moggallāna**, dieser war von einer gedungenen Räuberbande grausam ermordet worden. Der **Buddha** ist davon sehr betroffen: „Die **Sangha** ist ärmer geworden. Es ist als seien an einem gesunden Baum zwei tragende Äste weggestorben."

Ānanda versuchte den **Buddha** auf andere Gedanken zu bringen, ihn zu ermutigen, noch einige bedeutende Lehrreden zu halten: „Herrlich ist das, **Erhabener**, dass Ihr noch einmal auf Wanderung geht, gut wäre es, wenn Ihr bezüglich der Mönchsgemeinde noch etwas festlegen würdet."

Doch der **Buddha** sah das anders: „Was sollte denn die Mönchsgemeinde noch von mir erwarten? Ich habe den

---

49 vgl. hierzu die Erzählung „Sāriputtas letzter Sieg" im Band 1 dieser Buchreihe

Dharma vollständig verkündet, praktizieren müssen ihn die Mönche schon selbst. Ich bin jetzt alt, betagt, ich bin 80 Jahre alt. Genauso, *Ānanda*, wie ein alter Wagen, der nur noch von Stricken zusammengehalten wird, so erscheint mir dieser Körper. Daher, *Ānanda*: Seid euch selbst eine Insel, seid euch selbst eine Zuflucht. Der *Dharma* ist eure Zuflucht. Betrachtet euren Körper, betrachtet eure Gefühle, betrachtet euren Geist und betrachtet den *Dharma* – eifrig, achtsam, klar bewusst.

Wenn jemand sich selbst eine Insel ist, sich selbst eine Leuchte ist, sich selbst zur Zuflucht nimmt, dann ist er auf dem Weg, den auch ich beschritten habe, dann ist er auf dem Weg, der zur Erlösung führt."

Dann gingen der *Buddha* und *Ānanda* auf Almosengang in *Vesali*. Nachdem sie die Mahlzeit verzehrt hatten sagte der *Buddha* (so berichtet es der *Pāḷikanon*): „Ich habe die vier Basen der Wunderkräfte kultiviert. Und wer das erreicht hat, der vermag auch eine ganze Weltepoche oder bis zum Rest dieser Weltepoche zu leben."

Das wäre möglicherweise ein geeigneter Zeitpunkt gewesen, dass *Ānanda* den *Buddha* hätte bitten können, dieses Wunder zu vollbringen und bis zum Ende dieser Weltepoche zu leben. So jedenfalls haben es die Mönche später gesehen und *Ānanda* daraus einen Vorwurf gemacht, er habe es versäumt, den *Buddha* darum zu bitten, weiterzuleben.

Kaum war *Ānanda* gegangen trat *Māra*, der Böse, an den *Buddha* heran und versuchte ihn zu überzeugen, jetzt gleich zu sterben, da er ja alles verkündet habe, da für ihn nichts mehr zu tun sei. Er könne sich auf diese Weise unnötige Schmerzen ersparen. Aber der Buddha wies *Māra* zurück: „Bemühe dich nicht, Böser, von heute an in drei Monaten wird der Vollendete vollkommen erlöschen."

In diesem Moment ereignete sich ein Erdbeben, das traditionell so interpretiert wird, dass es sich aufgrund dieses Ausspruchs des *Buddha* ereignet habe.

Als **Ānanda** und der **Buddha** wenig später wieder zusammentrafen berichtete der **Buddha** von seiner Begegnung mit **Māra**. **Ānanda** war von dem Erdbeben erschreckt worden. Ihm war klar geworden, dass er den **Buddha** habe bitten können, unter den Lebenden zu verweilen, so jedenfalls steht es im **Pāḷikanon**. Daher bat er nunmehr den **Buddha**: „Verbleibe, verehrungswürdiger **Erhabener**, für eine Weltperiode zum Heile vieler, zum Wohl der Götter und Menschen."

Der **Buddha** aber wies seinen Freund ab, inzwischen sei die Entscheidung gefallen, **Ānanda** hätte vorher darum bitten müssen: „Ich habe definitiv gesagt, dass ich von heute ab in drei Monaten erlöschen werde. Es ist nicht möglich diese Worte wieder zurück zu nehmen. Also lass uns jetzt zum großen Wald zur Halle von *Kusagara* gehen."[50]

Dann gingen sie gemeinsam nach *Kusagara* und nachdem sich die Mönche dort versammelt hatten, ergriff der Erhabene das Wort: „Ihr Mönche, ich habe euch in den vergangenen Jahren den Heilsweg verkündet, ihr wisst, was zu tun ist:

- übt die vier Ausrichtungen der Achtsamkeit (***satipaṭṭhāna***),

- übt die vier rechten Anstrengungen **(*sammappadhana)*,**

- übt die vier Basen für die Wunderkräfte (***iddhi-pāda***),

- übt die fünf Fähigkeiten **(*indriya)*,**

- übt die sieben Erwachensglieder **(*bojjhaṅga)*,**

- übt den ***Edlen Achtfältigen Pfad***!

Dies ist die Lehre, übt sie ein, praktiziert sie zum Heile vieler, zum Wohle vieler, zum Zweck der Fürsorge für die Welt, zum Nutzen, zum Heil und zum Wohl von Göttern und Menschen."

---

50 Es ist denkbar, dass dies eine spätere Einfügung ist, die erreichen sollte, Ānanda als Schuldigen dafür auszumachen, dass der Buddha nicht weitergelebt habe.

Dann verkündete er ihnen, dass er von diesem Tage an in drei Monaten verlöschen werde.

In *Vesāli,* einer Stadt in der *Litcchavi*-Republik machen der **Buddha** und **Ānanda** ein weiteres Mal Station. Die nicht nur in *Litcchavi* sondern auch in den Nachbarstaaten bekannte **Kurtisane Ambapali** lädt den **Buddha** zum Abendessen ein. Das Nachsehen haben haben einige Adlige, die auch den **Buddha** bewirten wollten. Der **Buddha** aber wusste, dass *Ambapali* das größere spirituelle Potential hatte und entschied sich daher für den Besuch bei ihr. Tatsächlich wurde *Ambapali* später Nonne und soll sogar die Erleuchtung erreicht haben, also als **Arahat** gestorben sein.[51]

In *Pāvā* wurden der **Buddha,** **Ānanda** und einige weitere Mönche vom Schmied *Cunda* zum Essen eingeladen. Ein Gericht, eine besondere Spezialität namens *Sūkramaddava*[52], erschien dem **Buddha** verdächtig. Da *Cunda* dies jedoch als besondere Delikatesse angepriesen hatte, nahm sich der **Buddha** davon, bat ihn jedoch, keinen anderen Gast davon essen zu lassen.

Dem **Buddha** bekam das Essen nicht, er erkrankte erneut an Ruhr und setzte seine Wanderung fort. Er wies **Ānanda** an, dass niemandem dem Schmied *Cunda* darob einen Vorwurf machen dürfe. Es sei vielmehr so, dass die beste Gabe, die jemand machen kann, es sei, einem **Buddha** diee letzte Mahlzeit zu bereiten. An dieser Ausage kann man sowohl erkennen, wie der **Buddha** den Schmied vor Vorwürfen und Anfeindungen schützen wollte, aber auch, dass er wusste, dass er diesen Ruhranfall nicht überleben werde. Der **Buddha** musste sich übergeben und hatte Durchfall, sodass er bald dehydriert war und **Ānanda** ihm Wasser aus einem Bach holen musste. Die beiden gehen noch weiter bis in das Gebiet von *Kusinārā,* in

---

51 vgl. die Geschichte „Ambapali – Kurtisane und Heilige" in Band 1 dieser Buchreihe.

52 „Eberklein" - Es soll sich dabei um ein Pilzgericht gehandelt haben, das von Schweinen gesucht wird, also vermutlich um Trüffeln.

einen *Sālawald.* Dort angekommen bereitet *Ānanda* dem *Buddha* eine Lagerstatt zwischen zwei *Sāla*bäumen. Wie schon bei der Geburt des späteren *Buddha* soll es auch hier zu wundersamen Vorgängen gekommen sein: Blüten regnen auf ihn herab, wundersame Düfte erscheinen in der Luft und erklingt himmlische Sphärenmusik.

Der *Buddha*, so wird berichtet, habe dann noch die wichtigsten buddhistischen Pilgerstätten benannt: *Lumbinī* (seinen Geburtsort), *Bodh Gāya* (den Ort der Erleuchtung), *Sārnāth* (wo er bei den fünf Asketen seinen ersten Lehrvortrag und einen *Workshop* abhielt) und *Kusinārā*, dort wo er das *Parinibbāna* erreicht.

Ānanda muss dann zur Seite treten, denn er bekommt einen Weinkrampf. Er steht abseits und heult: "Wie schrecklich, ich bin doch noch ein Lernender, habe noch so viel an mir zu arbeiten, und jetzt verstirbt mein Meister, der so gütig und freundlich zu mir war."

Der *Buddha*, der dies bemerkte, wendet sich an *Ānanda:* "Weine nicht, gräme dich nicht, *Ānanda.* Ich habe stets betont, dass wir von allem Lieben und Angenehmen Abschied nehmen müssen, dass alles vergänglich ist. Lange Jahre bist du mir nahe gewesen und hast dich mit liebevoller Güte um mein Wohl gekümmert. Du hast dir größte Verdienste erworben. Strenge dich an, dann wirst auch du ein *Arahat* werden."

Bei seinem Almosengang in *Kusinārā* am nächsten Morgen berichtete *Ānanda* vom bevorstehenden Dahinscheiden des *Buddha* und viele Menschen kamen, um schweigend und in Demut von ihm Abschied zu nehmen. *Subbhada*, der ein *śramaṇera* einer anderen religiösen Schule war, bat den *Buddha* sprechen zu dürfen. *Ānanda* wollte ihn abweisen, doch der *Buddha* bestand darauf, dass *Subbhada* vorgelassen wurde, dieser erhielt eine Belehrung, bekannte sich zum Buddha und wurde von diesem noch als Novizen angenommen und dann später – nach der üblichen Wartefrist – ordiniert.

Dem **Buddha** schien es noch wichtig zu sein, dass es keine Nachfolger von ihm gab, keine "Päpste", "Patriarchen" oder "Dalai Lamas", daher sagte er: *"Es könnte sein, dass euch einfallen würde: 'Der Meister dieser Lehre ist vergangen, nicht gibt es für uns einen Meister.' So sollt ihr das, **Ānanda**, aber nicht sehen. Die von mir dargelegte Lehre und die von mir erlassene Zucht, **Ānanda**, ist nach meinem Tode euer Meister."*

Dann forderte er die anwesenden Mönche auf, Fragen zu stellen, wenn ihnen noch etwas an der Lehre unklar sei. Die Mönche aber stellten keine Fragen. Der **Buddha** nahm an, dass sie dies aus Rücksicht ihm gegenüber taten. Daher wies er sie an, sich zurück zu ziehen, miteinander zu sprechen und einen Freund zu bitten, eine noch verbliebene Frage zu stellen. Aber auch dann fragte niemand mehr etwas.

Dann sprach der **Erhabene** die Mönche an: *"So lasst mich euch denn sagen: 'Vergänglich sind alle Gebilde, strebet ohne Unterlass.'"* Das waren die letzten Worte des Vollendeten. Der **Buddha** ging vermutlich im Frühling 480 v.u.Z. ins **Parinibbāna** ein.

Der Buddha ist tot –
und jetzt?

Der **Buddha** hatte, kurz bevor er starb und gefragt wurde, wie man seiner gedenken sollte, den Tipp gegeben, dass man einen Stupa bauen könne, einen Kuppelbau. Dies, weil dem **Buddha** bewusst war, dass es für Laienanhänger*innen wichtig ist, Orte zu haben, wo sie sich ihrem Meister nahe fühlen. Für Mönche und Nonnen, die sich immer der Vergänglichkeit bewusst sind und denen klar ist, dass es keinen festen Wesenskern gibt, dass man den **Dharma** verehren muss, die Essenz dessen, was der **Buddha** lehrte, sollte irgendein Totenkult keine Bedeutung haben. Daher sollte auch die Einäscherungszeremonie und die Reliquien der Laienschaft überlassen werden. Leider schien dies zu einem heillosen Durcheinander zu führen. Ob dies oder die Tatsache, dass wichtige Mönche nicht zugegen waren, dazu führte, dass es wohl eine Woche dauerte, bis die sterblichen Überreste des **Buddha** eingeäschert wurden, sei dahingestellt.

Die beiden prominentesten Mönche, **Sāriputta** und **Moggallāna**, waren in den vergangenen Monaten verstorben. Außer diesen beiden war der wichtigste Mönch zweifelsohne **Mahākassapa**, der sich zu diesem Zeitpunkt auf dem Weg zu einem Regenzeitquartier befand. Er war, neben **Sāriputta** und **Moggallāna** der einzige, der den **Buddha** bei Lehrvorträgen vertreten durfte, wenn dieser krankheitsbedingt dazu nicht in der Lage war. Gelegentlich durfte dies zwar auch **Ānanda**, der allerdings damals noch kein **Arahat** war und daher bei diesen Gelegenheiten Vorträge wörtlich wiederholte, die er vom **Buddha** gehört hatte.

Mahākassapa erreicht auf seiner Wanderung die Nachricht vom Tod des **Buddha**, ein Einsiedler berichtete ihm: *"Heute ist der siebte Tag, dass der Asket **Gotama** völlig erloschen ist."*

Zahlreiche Mönche, die mit **Mahākassapa** unterwegs waren, brachen in Tränen und Wehgeschrei aus. Einer jedoch, ein gewisser *Subhadda*[53], konnte dem Tod des **Buddha** offensichtlich Positives abgewinnen: *"Genug, Brüder, trauert nicht, klagt nicht, wir sind von dem großen Asketen befreit. Belästigt wurden wir: 'Dies ist euch angemessen, dies ist euch unangemessen' jetzt tun wir, was wir wünschen und tun nicht, was wir nicht wünschen."*[54] In **Mahākassapa** schrillten die Alarmglocken, er fürchtete einen Zerfall der Ordensdisziplin und nahm sich vor, dem vorzubeugen. In diesem Augenblick jedoch schwieg er, vermutlich sann er über eine Strategie nach, um diesem Zerfall vorzubeugen.

Mahākassapa beeilte sich und traf gerade noch rechtzeitig vor der Einäscherung in *Kusinārā* ein, er leitete dann die Beisetzungsfeier. Kurz darauf entbrannte jedoch ein Streit darum, wem denn die übrigen Knochenreste, die Reliquien gehören sollten, denn neben den Einwohnern von *Kusinārā* trafen Gesandte aus anderen Städten und Ländern ein und erhoben darauf Anspruch. Die Mönche hielten sich aus diesem doch sehr weltlichen Streit heraus, den schließlich der Verbrennungs**brahmane** *Dona* schlichtete. So erhielten schließlich alle Abgesandten der zehn vertretenen Regionen einen Teil und bestatteten ihn in Stupas in ihren Hauptstädten.

Für **Mahākassapa** war jedoch etwas ganz anderes wichtig, nämlich die Beibehaltung der klösterlichen Disziplin, die *Subhadda* so provokativ zur Disposition gestellt hatte. **Mahākassapa** schlug daher vor, ein Konzil der erfahrensten Mönche einzuberufen, in dem der **Dharma** und der **Vinaya** vorgetragen und kanonifiziert werden sollten. Es wird behauptet, dass **Mahākassapa** zu diesem Zeitpunkt bereits 120

---

53 Dieser ist <u>nicht</u> identisch mit der Person gleichen Namens, die der Buddha kurz vor seinem Tod noch als Novize aufgenommen hatte.
54 wörtliches Zitat nach DN 16,6,20

Jahre alt gewesen sei, was in zweifelsohne als "Alterspräsidenten" des Konzils qualifizierte. Wohl noch in *Kusinārā* wurde das Konzil vorbereitet, das bei **Rājagṛha** stattfand. Es heißt, dass man sich auf 500 Teilnehmer verständigte, alles Mönche, die seit mindestens zehn Jahren ordiniert waren und die als **Erleuchtete** galten. Ein Disput ergab sich darum, ob auch **Ānanda** an dieser Versammlung teilnehmen sollte. **Mahākassapa** lehnte dies zunächst ab, weil **Ānanda** kein **Arahat** war. Die überwiegende Mehrheit wollte ihn aber unbedingt dabei haben, weil er schließlich als einziger alle Lehrreden auswendig kannte. Man einigte sich schließlich darauf, dass **Ānanda** teilnehmen könne, wenn er bis dahin erleuchtet sei. Schließlich hatte dies der Buddha kurz vor seinem Tode als möglich verkündet[55]. **Ānanda** nahm sich vor, sich so heftig darum zu bemühen, wie ihm das möglich war. Es heißt, er habe in der Morgenstunde des Tages, an dem das Konzil beginnen sollte, als er gerade von seinem Meditationssitz aufstand und sich hinlegen wollte, das große Ziel erreicht.

Als das Konzil eröffnet wurde, war **Ānanda** noch nicht zugegen, man hatte ihm jedoch einen Sitzplatz reserviert, in der Hoffnung, dass er das große Ziel erreiche. Der **Pāḷikanon** berichtet: *"Da nun dachte der ehrwürdige Ānanda bei sich: 'Morgen ist die Zusammenkunft und es ist nicht in Ordnung für mich, dass ich nur als ein Übender zu dieser Versammlung gehen soll.' Als die meiste Zeit der Nacht vorüber war, die er mit Achtsamkeit auf den Körper verbracht hatte, kurz vor Tagesanbruch, da dachte er: 'Jetzt will ich mich hinlegen.' und neigte den Körper. Aber noch bevor der Kopf das Polster berührte und die Füße vom Boden erhoben waren, in diesem Moment wurde sein Geist restlos von den Einflüssen frei."*[56]

---

55 "Lange Jahre bist du mir nahe gewesen und hast dich mit lebevoller Güte um mein Wohl gekümmert. Du hast dir größte Verdienste erworben. Strenge dich an, dann wirst auch du ein **Arahat** werden."

56 CV XI,1,438

Es heißt, dass sich *Ānanda* aufgrund seiner durch die Verwirklichung erreichten magischen Kräfte in der Luft schwebend in die Versammlung begeben habe und damit alle Zweifel darüber zerstreut habe, ob er denn wirklich gerade noch rechtzeitig die *Erleuchtung* erreicht habe.

Das Konzil tagte sieben Monate, in denen *Mahākassapa* den Mönch *Upāli*[57], der als besonderer Experte in der Geschichte der Mönchsgemeinde galt, hinsichtlich der Ordensregeln und *Ānanda* hinsichtlich der Lehrreden des *Buddha* befragte. Jeder anwesende Mönch war aufgerufen, Einspruch zu erheben, wenn er glaubte, dass etwas nicht richtig sei. So entstand der ursprüngliche *Pāḷikanon*, der damals jedoch nicht schriftlich fixiert wurde. Im damaligen Indien gab es die Schriftform nur bei notariellen Beurkundungen. Alle Texte wurden also im Gedächtnis eingeprägt, sie wurden durch Vorsprechen und Wiederholen an jüngere Mönchsgenerationen weitergegeben. Eine schriftliche Fixierung wurde erst rund 500 Jahre später vorgenommen. Die Sprache *Pāḷi,* in der die Lehrreden memoriert wurden, war eine Hochsprache, die dem Maghadi und Kosambi, das der Buddha sprach, ähnlich war, es war in Nordindien damals die vorherrschende Verwaltungssprache.

Hundert Jahre später (383 v.u.Z.) gab es ein zweites Konzil von siebenhundert *Theras* (Mönche die seit mehr als zehn Jahren ordiniert waren). Hier wurden Unstimmigkeiten über die Ordensregeln beigelegt und die überlieferten Texte redaktionell überarbeitet. Die Konzilteilnehmer nannten sich *Theravādins* (Anhänger der Lehre der Alten). Demgegenüber gab es auch Neuerer (*Mahāsānghikas*), woraus sich etwa 400 Jahre später das *Mahāyāna* entwickelte.

---

57 *Upāli* ist der ehemalige Barbier aus dem Kapitel "Buddhas Rückkehr nach Kapilavatthu".

Noch einmal rund hundert Jahre später (253 v.u.Z.) wurde unter Kaiser *Asoka* ein drittes Konzil abgehalten, in dem eine tausendköpfige Versammlung in neun Monaten den Kanon erneut überarbeitete und neben den bestehenden Lehrreden und dem **Vinaya** als dritte Sammlung der *Abhidhamma*[58] zugefügt wurde.

Doch zurück zu **Mahākassapa.** Obwohl der Buddha bewusst keinen Patriarchen berufen hatte, wurde er zu so etwas wie dem "Ordensältesten", wozu sicher einerseits sein hohes Alter beitrug, andererseits die Tatsache, dass er das erste buddhistische Konzil leitete. Hinzu kam noch, dass der Buddha, der nichts zu vererben hatte als seine Almosenschale, bestimmt hatte, dass diese **Mahākassapa** zukommen sollte.

Das *Aśokāvadāna*[59] beschreibt, dass **Mahākassapa** nach dem ersten Konzil seine Aufgabe als erfüllt ansah, er zog sich in eine Höhle des Berges *Kukkatapada* zurück, nachdem er *Ānanda* die Almosenschale des **Buddha** übergeben hatte. Dies führte dazu, dass jetzt *Ānanda* nunmehr als der Ordensälteste angesehen wurde. Er soll den **Buddha** noch um vierzig Jahre überlebt haben.

Als er 120 Jahre alt war, soll er seinen nahen Tod gespürt haben, was den König von Magadha und die Prinzen von Vesali veranlasste, von ihm Abschied zu nehmen. Als **Ananda** sie auf sich zukommen sah, wollte er keinen bevorzugen, so hieß es, vielmehr erhob er sich in die Luft und übergab seinen Körper

---

58 Die Lehren des Buddha und seiner Hauptschüler erhalten in diesem Werk eine psychologische und philosophische Begründung und Ausformulierung. *Abhidhamma* bedeutet eigentlich *der höhere **Dharma***. Der *Abhidhamma* ist auf das Erfahrungswissen des **Buddha** gegründet, das hier systematisch geordnet vorliegt. (nach Wikipedia 2023)

59 Ein Text aus der Zeit Kaiser Aśokas, der dessen Geburt und Herrschaft beschreibt (und verherrlicht), er enthält sowohl historische Beschreibungen als auch Legenden.

dem Feuerelement. Auf diese Art verschwand auch die Almosenschale. So war sichergestellt, dass es keinen mehr gab, der sich als Patriarch der buddhistischen Gemeinschaft fühlen konnte oder als solcher angesehen werden konnte. Wie auch immer die Sache sich wirklich zugetragen haben mag, es war auf jeden Fall eine weise Entscheidung, die Almosenschale verschwinden zu lassen. Nicht irgendein religiöser Führer oder ein Meister sollte die buddhistische Gemeinschaft anführen.

So erfüllte sich das, was der **Buddha** kurz vor seinem Tode gesagt hatte: *"Die von mir dargelegte Lehre und die von mir erlassene Zucht, **Ānanda**, ist nach meinem Tode euer Meister."*

Begriffserklärungen

abhängiges Entstehen – siehe *Bedingtes Entstehen*

Ajātasattu – König von *Maghada*, der den Thron usurpiert hat und seinen eigenen Vater *Bimbisāra* im Kerker verhungern ließ

Āḷāra Kālāma – erster Meditationslehrer von *Siddhārtha,* bei ihm erreichte er die siebte Vertiefung *(=jhana)*

Almosengang – die besitzlosen Mönche gingen vormittags mit einer Bettelschale von Tür zu Tür, die Haushaber gaben ihnen als Almosen Nahrung in diese Schale, was für den Geber gutes *Karma* bedeutete.

Alter, Krankheit und Tod – die drei unvermeidlichen Konsequenzen von Geburt, Prinz *Siddhārtha* zog in die *Hauslosigkeit*, um diese drei Konsequenzen zu besiegen, die sich unendlich oft wiederholen, wenn wir im Rad aus Geburt und Wiedertod gefangen sind. Erst durch Erwachen beenden wir diesen Daseinskreislauf, sodass mit *Buddhas Erwachen* erreicht war, dass ihm nur noch ein weiterer Tod bevorsteht.

Ānanda – Freund, Gefährte, Neffe und Sekretär des Buddha

anattā – „Nicht-Ich"; da alles in Abhängigkeit von Bedingungen Entstandene vergänglich ist, kann es keinen festen unveränderlichen Wesenskern haben, also gibt es auch nicht so etwas wie ein festes „Ich", eine der drei buddhistischen Grunderkenntnisse über alles Existierende (die anderen sind *dukkha* und *annicca*); der *anattā*-Gedanke ist das Alleinstellungsmerkmal des Buddhismus.

anicca – Vergänglichkeit; alles was in Abhängigkeit von Bedingungen entstanden ist, verändert sich und vergeht, eines der drei *Lakshanas*, der Grunderkenntnisse über alles Existierende (die anderen sind *dukkha* und *anattā*). Anicca ähnelt dem abendländischen Vanitasgedanken.

Anuruddha – einer der zehn wichtigsten Jünger des Buddha

Arahat (auch: Arahant) – Heiliger, vollkommen Erleuchteter

āsavakkaya ñāna – Wissen um die Zerstörung der Triebe, der *āsavas*; das ist das letzte *upanisā,* wenn man dieses erreicht hat, ist man ein *Erwachter.*

Asīta – Name eines Hellsehers, der König *Śuddhodana* die Zukunft seines Sohnes *Siddhārtha* vorhersagte. Es war in vornehmen Kreisen im damaligen Indien üblich, bei solchen Gelegenheiten einen Hellseher zu Rate zu ziehen. Allerdings deutet der Name (A-sīta = Nicht-Weiss) darauf hin, dass es sich nicht um einen Arier handelt, sondern um einen indigenen Inder, einen „Unberührbaren".

Askese – streng enthaltsame und entsagende Lebensweise zur Verwirklichung sittlicher und religiöser Ideale

Asket – einer der sich in Askese übt

Astralreisen - gehören zu den außerkörperlichen Erfahrungen und waren schon in uralten Kulturen bekannt. Astralreisende sehen sich selbst und fühlen sich schwerelos. Während dieser Meditationsreisen gelten die physikalischen Gesetze nicht. Einige Neurowissenschaftler haben zumindest ansatzweise das Phänomen erklärt: Gelingt es einem Menschen, das Gehirn so zu programmieren, dass es bestimmte Wellen produziert, die bei Astralreisen eine Rolle spielen, kommt es zu einer außerkörperlichen Erfahrung. (Manche Buddhist*innen glauben an Astralreisen, manche nicht.)

Bedingtes Entstehen – zentrale buddhistische Lehre: alles (in *saṃsāra*) entsteht in Abhängigkeit von Bedingungen. Entfallen diese Bedingungen, so erlischt das Produkt der Bedingungen.

Begierde – (= Gier) eines der drei Wurzelübel, das der Praktizierende völlig zu überwinden hat.

Benares – (heute: Varanasi im indischen Bundesstaat Uttar Pradesh) Stadt, bei der der *Buddha* erstmals den Dharma darlegte

Bewusstseinsunendlichkeitsgebiet – Zustand, der im sechsten *jhana* erreicht wird; ein Zustand in dem das Bewusstsein ohne Objekte, also auch ohne eine Körperempfindung, wach und klar ist und auch die Wahrnehmung des Raumes als Erkenntnis-objekt erloschen ist.

bhumi-sparsa-mudrā – die Erdberührungsgeste, vom Buddha mit der rechten Hand ausgeübt, durch die er kurz vor seiner *Erleuchtung* die Erdgöttin als Zeugin aufrief. In vielen Abbildungen zeigt der im Lotossitz sitzende Buddha diese Geste. Dabei weist immer der Handrücken in Richtung des Betrachters.

Bimbisāra – König von *Maghada*, Anhänger und Freund des Buddha, wurde von seinem Sohn *Ajātasattu* ermordet.

Bodh-Gaya – Stelle, an der der Buddha seine Erleuchtung erreichte. Das Wort ist zusammengesetzt aus *bodh-* (Erwachen, Erleuchtung) und *Gaya* (Name der nahegelegenen Stadt).

Bodhi – siehe *Erwachen*

Bodhi-Baum – Baum, unter dem der Buddha saß, als er „erwachte", also zur Zeit seiner Erleuchtung

Bodhisattva – Figur im *Mahāyāna*-Buddhismus. *Bodhisattvas* sind Wesen, die Erleuchtung nicht nur für sich selbst anstreben, sondern zum Wohl aller Wesen. (Im *Theravāda* wird das Wort nur für den späteren Buddha vor seiner *Erleuchtung* verwendet.)

Brahma – einer der Hauptgötter des Hinduismus, er gilt dort als der Schöpfer. Der Buddhismus kennt keinen Schöpfergott.

Brahmanen – eine der *Kasten* im Hinduismus, nur Brahmanen dürfen religiöse Rituale vollziehen.

Brahmanismus – indische Religion, in der (u.a.) einen Brahman (Gott) verehrt wird. Der B. heute als Hinduismus bezeichnet.

Brahma Sahampati – ein Gott der zweithöchsten Götterwelt. Der Buddha benennt ihn gelegentlich zu seinem Zeugen und Dialogpartner. So etwas wie ein Erzengel.

Buddha – wörtlich: Erwachter, einer der das Ziel des Buddhismus erreicht hat und damit befreit ist von den Fesseln des Ichglaubens. (Die weibliche Form ist auch Buddha.)

Channna – Wagenlenker und Vertrauter des Prinzen *Siddhārtha*

dāna – „Gebefreude", auch: Großzügigkeit. Dana ist eine hohe buddhistische Tugend und eine der sechs Tugenden, die ein **Bodhisattva** übt.

devas – „Götter" im Hinduismus und Buddhismus, etwa vergleichbar mit den Engeln im Judentum, Christentum und Islam.

Devadatta – Neffe des Buddha. Devadatta wurde Mönch und später Konkurrent des Buddha. Ihm kommt im *Pāḷikanon* die Rolle des Bösewichtes innerhalb der *Sangha* zu.

Dharma – hier gewöhnlich die Bezeichnung für die Lehren des Buddha. Das Wort bedeutet Wahrheit, (Natur)Gesetz, Wissenschaft, Lehre.

dharma-cakra – das achtspeichige „Rad der Lehre" ist das Symbol für den *Dharma* („Buddhismus"), die acht Speichen stehen für den *Edlen Achtfältigen Pfad.*

Dreifacher Pfad – einfachste Beschreibung des buddhistischen Pfades aus (1) Ethik, (2) Meditation und (3) Weisheit, eine ausgearbeitete Version zeigt das upanisā-Sutta auf.

Drei Juwelen – die drei höchsten Kostbarkeiten im Buddhismus: der *Buddha* (unser Ideal), der *Dharma* (die von ihm begründete Wissenschaft) und der *Sangha* (die Gemeinschaft der erfolgreich Praktizierenden), der Sanskrit-Terminus hierfür ist *Triratna.*

Dualität – eine übliche Denkweise: Leben – Tod, schnell – langsam, schwarz – weiß. Alle diese Einteilungen sind jedoch geistgeschaffen, um Dinge unterscheiden und benennen zu können. Die zentrale Dualität besteht in „Ich" und „das Andere", wodurch wir eine irreale Trennung zwischen uns und dem Anderen schaffen. Ziel des Buddhismus ist es, über diese geistgeschaffenen Dualitäten hinwegzugehen. Dann empfinden wir uns nicht mehr als „Ich" und das Andere nicht mehr als Umwelt. Dies ist die *anattā*-Lehre.

dukkha – ein zentraler Begriff der Lehre *Buddhas*, am einfachsten mit „Unvollkommenheit" oder „Unzulänglichkeit" zu übersetzen, besser wäre „das Gefühl, dass etwas letztendlich nicht

vollkommen zufriedenstellend ist. Älteste Übersetzungen von
Buddhas Lehre übersetzten „Leiden", was dazu führte, dass der
Buddhismus als pessimistisch galt, denn letztendlich ist alles
Vergängliche unvollkommen (dukkha).

Edle Achtfältige Pfad, der – erste und zentrale Beschreibung des
Buddha für den Pfad zur Erleuchtung. Hier werden acht
Baustellen genannt, an denen wir arbeiten müssen: 1. Rechte
(oder Vollkommene) Vision (Ansicht), 2. Rechte Entschlossenheit, (3) Rechtes Denken, (4) Rechtes Handeln, (5) Rechter
Lebenswandel, (6) Rechtes Bemühen, (7) Rechte Achtsamkeit,
(8) Rechter *samādhi*

Engel – ein im Buddhismus nicht verwendeter Begriff, der aber
gleichbedeutend mit dem im Buddhismus verwendeten Begriff
„Gott" oder „Götter" ist (nur dass diese keine Flügel haben).

Erda – Erda ist das althochdeutsche Wort für Erde und es ist auch der
Name der Erdgöttin, die in Wagners Ring des Nibelungen
auftritt. Wagner entnahm den Namen der 1835 erschienen
„Deutschen Mythologie" von Jakob Grimm. (ErDa ist auch die
Abkürzung für „Erdgestütze Dankbarkeit", ein Kurs des Autors,
der im Jahr 2014 erstmals geleitet und seitdem weiter-
entwickelt wurde. Das ErDa-Projekt gibt es seit 2016 als
Fernkurs im Internet **http://www.er-da.eu/ErDa/** und ist
Grundlage des achten Bandes dieser Buchreihe.)

Erhabener – Anrede für den Buddha, wird nur von seinen Anhängern
verwendet. In anderen östlichen Religionen teilweise auch
Anrede für den Religionsstifter oder *Guru*.

Erleuchtung – Den Begriff gibt es in verschiedenen Religionen, ist
jedoch dort meist nicht scharf definiert. Im Buddhismus ist er
gleichbedeutend mit *Erwachen*, ein Zustand, in dem alle Triebe
restlos erloschen sind.. Ein erleuchtetes Wesen sieht die Welt
völlig unverblendet, das heißt, es hat den Dualismus (aus
Subjekt und Objekt) überwunden, was bedeutet, dass es sich
als nicht von der Umwelt getrennt sieht, dass der Glaube an ein
„ich" oder „Selbst" überwunden ist. Dies ist keine rein
intellektuelle Erkenntnis, sondern spiegelt sich im Denken,
Fühlen und Handeln des/der Erleuchteten. In anderen
Religionen wird Erleuchtung anders gesehen.

Erwachen – andere spirituelle Traditionen sprechen von *Erleuchtung*, im Buddhismus verwenden wir besser den Ausdruck „Erwachen" für das, was der Buddha erreicht hat. Während unter „Erleuchtung" jeder etwas anderes verstehen kann, beschreibt „Erwachen" das spezifisch Buddhistische, die Tatsache, dass die erwachte Person die drei Wesensmerkmale *dukkha, anicca* und *anattā* völlig verwirklicht hat. Es ist für die erwachte Person so, als sei alles, was vorher war, so absurd und unlogisch wie ein Traum, daher der Ausdruck „Erwachen".

Flechthaarasketen – eine Gruppe von Asketen, die ihre Haare in einer bestimmten Art flochten, etwa wie bei Rastazöpfen.

Gaya – Name einer Stadt, siehe *Bodh-Gaya*

Gebiet der Weder-Wahrnehmung-noch-Nichtwahrnehmung – achtes und höchstes *jhana*

Gerichtsherr – Oberster Richter im Kleinstaat *Śākya*, war der *Rājā*, das Staatsoberhaupt, zur Zeit da diese Geschichte spielt also *Śuddhodana*.

Gjjhakūta – (=Geierspitze) Berg bei *Rajagṛha*, auf dem sich der Buddha gern aufhielt

Götter – siehe *devas*

Gotama – (Nach)Name des Buddha. Personen, die den Buddha mit „Herr Gotama" anreden, sind keine Anhänger des Buddha, diese würden „Erhabener" sagen.

Guru – spiritueller Lehrer und/oder Anführer

Hauslosigkeit – Lebensweise von (nicht nur) buddhistischen Mönchen und Nonnen, die als Obdachlose leben.

Heilige – (=*arahat, arahant*). Im Buddhismus eine Person, die durch Übung des vom Buddha gelehrten *Edlen Achtfältigen Pfades* zum *Erwachen* gekommen ist.

himmliches Auge – *(dibba-cakkhu)* beschreibt eine Eigenschaft eines spirituellen Meisters, die ihn zum Hellsehen befähigt, also das zu sehen, was an einem anderen Ort (oder auch zu einer anderen Zeit) geschieht.

Hellhören – unter der Fähigkeit zum Hellhören als Nebenprodukt der spirituellen Entwicklung verstehen wir etwas zu hören, was (zur selben Zeit) an einem anderen Ort gesagt wird

Hellsehen – unter der Fähigkeit zum Hellsehen als Nebenprodukt der spirituellen Entwicklung verstehen wir etwas zu sehen, was (zur selben Zeit) an einem anderen Ort geschieht

Hindernisse – (*nīvaraṇi*) in der Meditation sind: (1) sinnliches Verlangen, (2) Abneigung, (3) Müdigkeit und Schlaffheit, (4) Aufgeregtheit und (5) Unentschlossenheit

Hindu – Anhänger des *Hinduismus*

Hinduismus – Mehrheitsreligion in Indien schon zu Zeiten des Buddha und bis heute

Jainismus – indische Minderheitenreligion → *Mahavira*

jhāna – (Palibegriff, in Sanskrit: *dhyana*) ist ein meditativer Vertiefungszustand; nach der häufigsten Einteilung gibt es acht aufeinander aufbauende Vertiefungen. Ziel dieser Vertiefungen ist die Überwindung des Ego sowie der Gedanken und das Erreichen einer kosmischen Verbundenheit, die im Buddhismus als Nondualität zwischen Ich und Ander gesehen wird (*anattā* = Nicht-Ich). *Jhāna* ist eine hohe buddhistische Tugend und eine der sechs Tugenden, die ein *Bodhisattva* übt. Es gibt (nach der üblichen Zählung) vier feinkörperliche und vier unkörperliche *jhānas*, im ersten *jhāna* sind *vitakka* (aufnehmende meditative Konzentration), *vicara* (anhaltende meditative Konzentration), *citt´ekagattā* (einspitzige Ausrichtung des Geistes), *pīti* (Verzückung) und *sukha* (Glückseligkeit) vorhanden. In der zweiten Vertiefung fallen die ersten beiden Faktoren weg, in der dritten auch *pīti*. In der vierten entfällt *sukha,* stattdessen kommt Gleichmut (*upekkhā*) hinzu.

kamaloka – Ort der Begierde (unsere Welt, in der die empfindungsfähigen Wesen aufgrund von Gier, Hass und Verblendung handeln). Im Buddhismus gehören dazu die sechs Daseinsbereiche (Höllenwelt, Welt der niederen Götter, Menschenwelt, Tierwelt, Bereich der wütenden Kämpfer und Bereich des neurotischen Verlangens – dies sind alles Geistesverfassungen, in denen wir zeitweise gefangen sind).

Kapilavatthu – Hauptstadt von *Śākya*, hier lebte der spätere Buddha in seiner Jugend, die Stadt wurde Jahrhunderte später von einem Erdbeben zerstört und unweit der alten Siedlung neu errichtet. K. liegt an der Grenze zwischen Nepal und Indien.

Karma – im Buddhismus jede absichtlich ausgeführte Handlung. Es wird davon ausgegangen, dass Handlungen Folgen haben, die (auch) auf den Verursacher zurückwirken. Im *Hinduismus* hingegen wird davon ausgegangen, dass es karmisch heilsam sei, sich an die Regeln und Beschränkungen seiner *Kaste* zu halten und die *Brahmanen* (bezahlte) Opfer für einen bringen zu lassen.

karmisch – Adjektiv zu Karma

Kassapa – Name von mehreren Mönchen, der wichtigste unter ihnen wird meist als *Mahakassapa* (Kassapa der Große) bezeichnet

Kaste – die indische Gesellschaft wird gemäß der hinduistischen Religion in streng voneinander abgetrennte Kasten eingeteilt, die wichtigsten Kasten sind die Brahmanen (Priester), der Adel (Krieger, Beamte) und die Kaufmannskaste.

Kay Zumwinkel – (Ordensname *Mettiko Bhikkhu*) dt. Mönch, im *Theravada* ordiniert, die *Mittlere Sammlung* des *Pāḷikanon* in zeitgemäßes Deutsch neu übersetzt hat.

khandha – Anhäufung, Gruppe; im Buddhismus wird der Mensch in fünf *khandhas* eingeteilt, das augenscheinlichste ist das *rupa-kkhandha* (Form oder Körper); die fünf *khandhas* sind: Körper, Wahrnehmung, Empfindung, Gestaltungskräfte und Bewusstsein

Koliya – Name eines einflussreichen Clans zu Buddhas Zeiten

Koṇḍañña – war ein Brahmane, der bereits als Jugendlicher durch seine Beherrschung der Veden bekannt wurde und später zum königlichen Hofgelehrten von König Suddhodana ernannt wurde. Dort war *Koṇḍañña* der einzige Gelehrte, der bei der Geburt von Prinz *Siddhārtha* eindeutig voraussagte, dass der Prinz ein erleuchteter Buddha werden würde, und schwor, sein Schüler zu werden. Koṇḍañña und vier Kollegen folgten *Siddhārtha* in sechs Jahren asketischer Praxis, verließen ihn jedoch voller Abscheu, nachdem *Siddhārtha* die Praxis der Selbstdemütigung aufgegeben hatte. Nach seiner Erleuchtung hielt *Siddhārtha* seinen ersten Dhamma-Vortrag vor *Koṇḍaññas* Gruppe. *Koṇḍañña* war der Erste, der die Lehre verstand und wurde so der erste **Bhikkhu** und **Arahant**.

Kośala – war ein indisches Königreich im Norden der Gangesebene zur Zeit des historischen Buddha. Die Hauptstadt von *Kośala* war *Savatthi*. Zur Zeit Buddhas wurde das Königreich von *Mahakośala, Pasenadi* und *Vidudabha* regiert. (nach: Wikipedia 2023)

Kosambi – war eine wichtige Stadt im alten Indien. Sie war die Hauptstadt des Vatsa-Königreichs, eines der sechzehn Mahajanapatas (größere Staaten in Indien des 6. Jhd. v.u.Z.)

Kurtisane – Die Bezeichnung für eine in adligen oder hochbürgerlichen Kreisen für Liebesdienste zur Verfügung stehende Frau stammt, wie der Name sagt, ursprünglich aus dem höfischen Bereich (frz: court) - *Quelle: Wikipedia*

Maghada – Staat im Norden Indiens z. Z. des Buddha. M. war etwa so groß wie Hessen und stand in Konkurrenz zum Nachbarstaat Kosala.

Mahakassapa – einer der Erleuchteten, Leiter des ersten buddhistischen Konzils nach Buddhas Tod. Er galt daraufhin als informeller Leiter der Sangha.

Mahāpajāpatī Gotami – Nebenfrau des Königs **Śuddhodana**, Tante und Amme des späteren Buddha, die Schwester der leibliche Mutter des Buddha

Mahāvira – wörtl.: „großer Held" gilt vielen als der Begründer der indischen Religion *Jainismus*, die etwa zeitgleich mit dem Buddhismus entstanden ist. Die Lehre des *Jainismus* existiert in Indien bis auf den heutigen Tag; außerhalb des Subkontinents konnte sie jedoch – im Gegensatz zur Lehre Buddhas – nie nennenswert Fuß fassen. (Quelle: Wikipedia)

Māra – das Böse, in der Regel personifiziert als „der Böse", der Versucher. Das Wort ist etymologisch verwandt mit dem deutschen „mahr" (wie in Nachtmahr = Albtraum) - und dem lateinischen mors (Tod).

Metta – eine sehr positive Emotion: Wohlwollen, Zuneigung, (nichterotische) Liebe, oft als „liebende Güte" übersetzt. Mitunter wird sie auch als „Allgüte" bezeichnet, denn Metta soll allen Wesen in gleicher Weise entgegen gebracht werden. Es ist das, was beispielsweise Jesus meint, wenn er sagt, man solle nicht nur seinen Nächsten lieben wie sich selbst, sondern sogar seinen Feind.

metta bhāvanā – Meditation zur Schaffung von Bedingungen damit *metta* entsteht, normalerweise in fünf Phasen geübt (1) *metta* für sich selbst, (2) für einen guten, edlen Freund/Freundin, (3) für eine neutral besetzten Person, (4) für eine schwierige Person (Feind) und (5) für allen fühlenden Wesen.

Mittlere Sammlung, in diesem Teil des *Pāḷikanons* sind die mittellangen Lehrreden des Buddha zusammengestellt, 152 Stück an der Zahl

MN – Majjhima Nikāya „**Mittlere Sammlung**", eine der Sammlungen des *Pāḷikanon*. Die *MN* enthält die „Mittellangen Lehrreden des Buddha (ca. 10 Seiten pro Rede). *MN* 48 ist dann die 48. der 152 Lehrreden dieser Sammlung.

Moggallāna – einer der beiden Hauptjünger des Buddha (neben *Sāriputta*), war für seine übernatürlichen Fähigkeiten bekannt

Mythos – (altgr.) ist in seiner ursprünglichen Bedeutung eine Erzählung. Im religiösen Mythos wird das Dasein der Menschen mit der Welt des Transzendenten verknüpft.

nāga – ein schlangenartiges mythologisches Wesen, verwandt mit den Drachen, diese Schlangengeister bewachen mitunter verborgene Schätze – womit im Buddhismus nicht selten Schätze in den Tiefen unseres Unbewussten gemeint sind.

Nandā – Neffe des *Buddha* und späterer Mönch.

nibbāna – das Pāḷiwort entspricht *Nirwana* (sanskr.)

Nichtsheitsgebiet – Zustand, der im siebten *jhana* erreicht wird, ein Zustand in dem das Bewusstsein ohne Objekte, also auch ohne eine Körperempfindung, wach und klar ist und auch die Wahrnehmung des Bewusstseins als Erkenntnisobjekt erloschen ist.

Nirwana – Ziel des Buddhismus, das Wort bedeutet „verwehen" oder Nicht-Wahn

Ordination – Aufnahme in einen religiösen Orden. Im Buddhismus traditionell: Aufnahme in den Mönchs- oder Nonnenorden. In nicht-monastischen Orden (wie *Triratna*), wird man dadurch nicht Mönch oder Nonne, es gilt also hier nicht der Zölibat.

Pāḷikanon – älteste Schriftensammlung des Buddhismus, hier sind u.a. die Lehrreden des Buddha enthalten, dem diese Geschichten entstammen.

Parabel – ist eine literarische kurze Erzählform, etwa gleichbedeutend mit Gleichnis.

pāramitā – sind die sogenannten transzendenten Tugenden, die ans andere (para) Ufer (mita) der Weisheit, also zum *Erwachen*, führen. Man spricht, vor allem in der Mahayana-Tradition, von sechs *Pāramitā*, manchmal, vor allem im Theravada, auch von zehn *Pāramī* (zusätzlich: Entsagung, Wahrhaftigkeit, Entschlossenheit und *metta*).

paranormal – als paranormal versteht man Fähigkeiten, die sich nicht mit der Schulweisheit erklären lassen. Paranormale Fähigkeiten im Buddhismus sind beispielsweise Hellsehen, Hellhören, *Psychokinese*, *Telepathie*, Bilokalität, *Präkognition* oder Durchdringen scheinbar fester Gegenstände wie Mauern. Diese Fähigkeiten treten als Nebenprodukt der spirituellen Entwicklung auf. Der Buddha empfiehlt sie nicht überzubewerten sondern einfach als Abfallprodukt der spirituellen Entwicklung zu betrachten.

parinibbāna – Tod eines Erleuchteten. Mit der Erleuchtung hatte dieser Nirwana (pali: *nibbāna*) verwirklicht, er war dem Kreislauf aus Geburt und Wiedertod entronnen. Da er jedoch noch einen Körper hatte, muss er noch einmal sterben, geht dann aber keiner neuen Geburt mehr entgegen. Diesen letzten Tod nennt man *parinibbāna*.

Pasenadi – *Rājā* von *Kosala*, einem Staat im Norden Indiens zur Zeit des Buddha. Kosala war etwa so groß wie Hessen. Pasenadi war Anhänger des Buddha.

paṭiccasamuppāda – Bedingte Entstehung, zentrale Lehre des Buddha. Häufig als zwölfgliedrige Kette des bedingten Entstehens dargestellt: (1) Unwissenheit – (2) Geistesformationen – (3) Bewusstsein – (4) Körper und Geist – (5) sechs Sinnengrundlagen aller geistigen Vorgänge – (6) Kontakt – (7) Empfindung – (8) Verlangen – (9) Anhaften – (10) Werdeprozess – (11) (Wieder-)Geburt – (12) Alter und Tod

peergroup – (von peer ‚Ebenbürtiger, Gleichgestellter oder -altriger‘) ist eine Gruppe mit großem Einfluss, der sich ein Individuum zugehörig fühlt. Die Peergroup ist insbesondere im Jugendalter von Bedeutung, dort ergibt sich das Gefühl der Zugehörigkeit oft durch eine Altersgleichheit. (Wikipedia 2023)

peripheres Gewahrsein – Unsere Achtsamkeit (sowohl in der Meditation als auch ansonsten) hat zwei Komponenten, die eine ist die Aufmerksamkeit (der Fokus): in der Atembetrachtung kann zum Beispiel der Fokus auf der Atemwahrnehmung an der Nasenspitze sein. Die andere ist das periphere Gewahrsein, mit dem wir – ohne ihn zu fokussieren – auch des Atems an anderen Körperstellen Gewahr sind oder der Tatsache ‚dass wir sitzen, dass an unser Ohr ein Geräusch dringt oder dass unser Bein schmerzt. Wichtig ist bei der Meditation, den Fokus auf dem Meditationsobjekt zu halten und nicht mit der Aufmerksamkeit auf das zu springen, was sich im peripheren Gewahrsein abspielt.

piti – „Verzückung, Begeisterung, Ekstase". Piti ist auch einer der Vertiefungsfaktoren im ersten *jhana.*

Präkognition – Wissen, was in der Zukunft geschieht

Psychokinese – die Bewegung von Objekten durch reine Willenskraft

Rad der Geburten – die Immerwiederkehr einer Reihe von Geburten (im Hinduismus und Buddhismus)

Rahula – Sohn des Buddha. Möglicherweise war es so, dass die Familie *Siddhārthas* sagte, dass dieser erst einen Stammhalter zeugen musste, bevor er zum Mönch wurde. Ab der Geburt des Sohnes wollte man nach dieser Theorie **Siddhārtha** davon abhalten, Mönch zu werden, da er nun einen Sohn habe. Dies würde erklären, warum **Siddhārtha** seinen Sohn „Rahula" nannte, denn Rahula heißt „Fessel".

Rājā – Herrscher, mitunter als „König" übersetzt. Die *Rājās* von *Shakya*, dem Kleinstaat, aus dem der Buddha stammt, wurden aber beispielsweise vom Adel gewählt. Ähnliches galt damals in vielen dieser kleinen Staaten, es gab also teilweise monarchische, teilweise republikanische Verhältnisse – und auch Mischformen.

Rājagṛha – Hauptstadt von *Maghada*

Rama – (1) einer der wichtigsten Götter im Hinduismus, (2) hier aber: Vater des *Uddaka Ramaputta*, einer der angesehensten Meditationsmeister in der Zeit vor dem Buddha. Sein Sohn **Ramaputta** („Sohn des Rama") war einer der Meditationslehrer **Siddhārthas.**

Raumunendlichkeitsgebiet – Zustand, der im fünften *jhana* erreicht wird, ein Zustand in dem das Bewusstsein ohne Objekte, also auch ohne eine Körperempfindung, wach und klar ist und auf den unendlichen Raum gerichtet ist

Retreat (engl.) – eine Zeit in klösterlicher Abgeschiedenheit

Sadhu – wörtlich „Heiliger", Bezeichnung für spirituelle Sucher, die häufig obdachlos sind, Sadhus gab es schon zu Buddhas Zeiten in Indien, aber auch heute noch. Der Ausruf „Sadhu-sadhu-sadhu!" wird in buddh. Kreisen als feierlich-freudiger Ausruf verwendet.

Sāla – Der Salbaum ist ein tropischer langsam wachsender Baum, der bis zu 30 Meter hoch werden kann. In Indien gibt es ganze Wälder mit Salbäumen. Der botanische Name ist *Shorea Robusta*. Der Baum kann 100 Jahre alt werden. Der **Buddha** wurde unter einem Salbaum geboren und starb später auch zwischen zwei Salbäumen. Der Baum hat in der indischen Mythologie eine besondere Bedeutung, im Buddhismus wird die kurze Blütezeit des Salbaumes als Symbol für die Vergänglichkeit verwendet.

samādhi – „tiefe Meditation, Versenkung, spirituelle Absorbiertheit"

saṃsāra – alles, was nicht Nirwana ist

Sangha – spirituelle Gemeinschaft, hier besonders für die Gemeinschaft der Schülerinnen und Schüler des Buddha. Zur Sangha in engeren Sinn gehören nur Mönche und Nonnen, zur Sangha im engsten Sinn nur Erleuchtete.

Sangharaksita – englischer Buddhist (1925-2018), ursprünglich im Theravada ordiniert, der 1967 die Buddhistische Gemeinschaft *Triratna* gründete, damals noch unter dem Namen „Freunde des Westlichen Buddhistischen Ordens"

Sāriputta – einer der beiden Hauptjünger des Budd.ha (der andere war dessen Freund *Moggallāna*), er wird auch „Marschall der Lehre" genannt, weil er die Novizen in den Lehren des Buddha unterrichtete, diese lernten die Lehrreden des Buddha auswendig. Möglicherweise gehen mnemotechnische Hilfsmittel (wie die immergleichen Wiederholungen) auf Sāriputta zurück.

Sāvatthi – Hauptstadt von *Kosala.* Der Kaufmann Anāthapindika hatte hier einen Park mit einem Kloster gestiftet, wo der Buddha insgesamt 19 Mal die Regenzeit verbrachte.

Siddhārtha – (Vor)Name des späteren Buddha (=Siegfried)

Śākya – (sanskrit, auf Pāḷi: Sākiya) kleine Adelsrepublik in Nordostindien, in der der spätere Buddha geboren wurde

Śākyamuni – Bezeichnung für den historischen Buddha, wörtlich: „Weiser (muni) aus dem Lande **Śākya**"

Savatti – Hauptstadt von *Kośala,* ein Staat in Nordindien zur Zeit des Buddha. Der Kaufmann Anathapindika hatte hier einen Park mit einem Kloster gestiftet, wo der Buddha insgesamt 19 Male die Regenzeit verbrachte.

śramaṇera – sozialer Aussteiger im alten Indien ab dem 7. Jhd. v. u. Z., der als religiöser Sucher in der *Hauslosigkeit* lebt, d.h. sie haben keinen Besitz und leben von Almosen, in der Pāḷi-Schreibweises *samana* bezieht sich dies auf samanas ausschließlich im buddhistischen Kontext.

Stromeintritt – So etwas wie die erste Stufe der Heiligkeit im Buddhismus, die weiteren Stufen sind Einmalwiederkehr, Nichtwiederkehr und *Arahat*schaft (vollständige Heiligkeit, Erleuchtung). Stromeingetretene können nie wieder hinter diesen Zustand zurückfallen, sind also der baldigen Erleuchtung (spätestens nach sieben Leben, so heißt es) sicher.

Śuddhodana – Vater des Buddha, *Rājā* von *Śākya*

sukha – „Glückseligkeit", einer der Vertiefungsfaktorn im ersten *jhana*

Suppabuddha – Vater des Devadatta und Schwiegervater von *Siddhārtha*, er war dem Buddha feindlich gesinnt, weil sein Sohn *Devadatta* ein Gegenspieler des Buddha war und weil seine Tochter *Yaśodharā* (sehr viel später) dem Buddha in die Hauslosigkeit folgte.

sutta (pali) – (sūtra in sanskrit, Mhz.: Sutren oder Sutten) - Lehrrede

Suttanipāta – das fünfte Buch des Khuddaka Nikaya (eines Teils des *Pāḷikanon)*. Es besteht aus 71 kurzen Suttas in 5 Kapiteln.

Rad der Lehre – siehe *dharma cakra*

Telepathie = Gedankenübertragung

Theravāda - eine der frühen Schulen des Buddhismus, die einzige Hinayana-Richtung, die noch existiert. Theravāda bedeutet „Schule der Älteren", was darauf hinweisen soll, dass ihre Anhänger den Buddhismus so praktizieren, wie das der Buddha selbst gemacht hat. Bei ihnen stehen die Lehrereden des Pāḷi-Kanon, der ältesten buddhistischen Schriften im Mittelpunkt.

Triratna – buddhistische Gemeinschaft, die Sangharakshita 1967 in London gründete. Triratna heißt wörtlich „Drei Juwelen", eine traditionelle Bezeichnung für *Buddha*, *Dharma* und *Sangha*.

Uddaka Ramāputta – zweiter Meditationslehrer des *Siddhārtha*, bei ihm erreichte er die achte Vertiefung (= *jhana*)

Unvollkommenheit – eine der Übersetzungen von *dukkha*

Unwissenheit – eines der drei Wurzelübel, das der Praktizierende völlig zu überwinden hat. Unter spiritueller Unwissenheit versteht man im Buddhismus, das nicht richtige Verstehen von

Vergänglichkeit (anicca), Unvollkommenheit alles abhängig Entstandenen (dukkha) und Nicht-Ich (***anattā***).

upanisā – Vom Buddha wurde im upanisā ***sutta*** eine Reihe von aufeinander aufbauenden und sich gegenseizig verstärkenden Bedingungen für eine spirituell positive Entwicklung aufgezeigt. Ich übersetze das upanisā mit "Voraussetzung". Im upanisā sutta ist der Pfad in – je nach Quelle – 12 bzw. 19 upanisās aufgeteilt, damit stellt er eine ausgearbeitete Variante des **Dreifachen Pfades** dar.

Upanisaden - eine Sammlung philosophischer Schriften des Hinduismus aus der Spätvedischen Zeit. Sie wurden zwischen 700 und 200 v.u.Z. niedergeschrieben.

upekkhā – Gleichmut (nicht Gleichgültigkeit!), eine von ***metta*** getragene Emotion, die ein Wesen als Produkt seiner Bedingungen, seiner Umwelt und seiner individuellen (genetischen, sozialisatorischen und karmischen) Dispositionen sieht

Vajji – war ein alter arischer Stamm im Nordosten Südasiens, dessen Existenz während der Eisenzeit bezeugt ist. Die Bevölkerung von Vajji, die Vajjikas, war in einer Gaṇasaṅgha (einer aristokratischen Oligarchenrepublik) organisiert.

Veden – heilige Schriften des ***Hinduismus***

Vertiefungszustände, meditative – siehe ***jhāna***

Vesāli – bedeutende Stadt im heutigen indischen Bundesstaat Bihar, z. Z. des Buddha Hauptstadt von ***Licchavi***. 386 v. Chr. wurde hier das 2. buddhistische Konzil abgehalten. In *Vesāli* gründete Buddha auch den Nonnenorden. 1958 wurden hier Reliquien entdeckt, die möglicherweise vom Buddha stammen, ein Teil von dessen sterblichen Überresten war nämlich unmittelbar nach seinem Tode nach *Vesāli* gegeben worden und galt als verschollen.

vicāra – (anhaltende meditative Konzentration), einer der Vertiefungsfaktoren im ersten ***jhana***

vicikicchā – skeptischer Zweifel, Zweifelsucht, Unentschlossenheit; eines der fünf meditativen **Hindernisse**

Vier Große Könige – Herrscher eines der Himmel, der Götter-Reiche, im altindischen Glauben

Vier unkörperliche Vertiefungen – die höchsten meditativen Vertiefungszustände (5. - 8. Vertiefung), das Raumunendlichkeitsgebiet, das Bewusstseinsunendlichkeitsgebiet, das Nichtsheitsgebiet und die Stufe der Weder-Wahrnehmung-Noch-Nichtwahrnehmung.

vimukti (oder in Pāḷi: **vimutti**) – Befreiung, ist gleichbedeutend mit Erwachen oder Erleuchtung, man ist befreit vom Ego und damit auch von *Wiedergeburt*

vimutti – siehe *vimukti*

Vinaya Pitaka – (wörtlich: Korb der Disziplin) ist eine Sammlung von buddhistischen Ordensregeln. Er bildet die erste Abteilung („Korb der Ordensregeln") des *Pāḷikanon* (Pitaka, „Dreikorb"). Er ist die Grundlage für das buddhistische Mönchtum. Er enthält Regeln für den Tagesablauf der Mönche und Nonnen, sowie Regeln für Umgangsformen, die ein harmonisches Zusammenleben sowohl der Ordinierten selbst, als auch zwischen Ordinierten und Laiengemeinschaft gewährleisten sollen. Er war auch in weiten Teilen Grundlage dieses Buches, vor allem in den Kapiteln der Zeit unmittelbar nach der *Erleuchtung Buddhas*.

vipassanā – Meditationen, die als Einsichtspraktik dienen, Klarblicks-Meditation

vitakka – aufnehmende meditative Konzentration, einer der Vertiefungsfaktoren im ersten *jhana*

Yaśodharā – Ehefrau des Prinzen *Siddhārtha* und Mutter des *Rahula*

Wiedergeburt – in Hinduismus reinkarniert sich die Seele nach dem Tode neu. Der Buddhismus kennt weder eine Seele noch ein Selbst, sondern nur Prozesse. Karmisch unvollkommene Prozesse, d. h. solche die mit Gier, Hass und Verblendung kontaminiert sind, führen zu einem Wiederentstehen. Gewohn-

heiten und Verhaltensmuster bestehen so weiter, auch über
den Tod einer Person hinaus.

Workshop – eine Veranstaltung, in der eine kleinere Gruppe mit
begrenzter, kompakter Zeitdauer intensiv an einem Thema
arbeitet. Ein Kennzeichen ist dabei die kooperative und
moderierte Arbeitsweise an einem gemeinsamen Ziel.
(Wikipedia 2023)

Buchreihe „Gelnhäuser Buddhistische Reihe"

Buddhas Sohn Rahula (Band 1)
Geschichten aus dem Pāḷikanon
ISBN: 978-3-7504-0010-8, 130 Seiten, Preis: 7 EUR

Die Tochter des Samurai (Band 2)
Geschichten aus Mahayana, Vajrayana und Zen
ISBN: 978-3-7519-1734-6, 145 Seiten, Preis: 7 EUR

Buddhistische Pilgerwanderung (Band 3)
Horst auf dem Weg Richtung Bodh Gaya
ISBN: 978-3-7519-7192-8, 246 Seiten, Preis: 10 EUR

Ausgewählte Lehrreden des Buddha (Band 4)
in zeitgemäßer Form nacherzählt und teilweise erläutert
ISBN: 978-3-7526-2197-6, 186 Seiten, Preis: 9 EUR

Begegnungen mit dem Transzendenten (Band 5)
Horst berichtet von seinem Weg zur Spiritualität
ISBN: 978-3-7543-1423-4, 248 Seiten, Preis: 10 EUR

Gelnhäuser buddhistische Vorträge (Band 6)
Horst spricht über Meditation und Ethik
ISBN: 978-3-7557-6114-3, 256 Seiten, Preis: 10 EUR

Evolviere zur/zum Buddha! (Band 7) *z. T. farbig*
Du kannst - wie der Buddha - die Evolution vollenden!
ISBN: 978-3-7562-3601-5, 196 Seiten, Preis: 16 EUR

Selbsttransformation durch Meditation (Band 8)
ISBN: 978-3-7347-0023-1, 330 Seiten, Preis: 16 EUR

Der Buddha – eine Biografie in Geschichten (Band 9)
ISBN: ISBN: 978-3-7583-2486-4 , 196 Seiten, Preis: 12 EUR

In Vorbereitung:

Buddhistische Geschichten aus der Gegenwart
XXXXX – eine hypothetische Biografie
Das satipatthāna sutta

Geschichten, Vorträge und andere Beiträge des Autors finden sich auch unter **www.kommundsieh.de**